CB041662

RUBINHO PIROLA

GUIA DE SOBREVIVÊNCIA DO CRISTÃO

PARA AQUELES QUE ESTÃO COMEÇANDO NA FÉ E PARA AQUELES QUE DESEJAM VOLTAR AO PRIMEIRO AMOR!

Geográfica editora

Supervisão editorial
Maria Fernanda Vigon

Revisão
Patricia Abbud Bussamra

Capa
Rubinho Pirola

Diagramação
Equipe Geográfica Editora

1ª edição — Geográfica Editora — 2016

www.geograficaeditora.com.br
Quaisquer comentários ou dúvidas sobre este produto escreva para:
produtos@geografica.com.br

P671b Pirola, Rubinho
Guia de sobrevivência do Cristão / Ruben Pirola Filho. – Santo André: Geográfica, 2016.

16x23 cm. ; il. ; 192p.
ISBN 978-85-8064-198-1

1. Cristãos. 2. Fé cristã. 3. Doutrina cristã. 4. Bíblia. I. Título.

CDU 248.12

Catalogação na publicação: Leandro Augusto dos Santos Lima – CRB 10/1273

Este produto possui 192 páginas impressas em papel polen 70g e em formato 16x23cm(esta medida pode variar em até 0,5cm)

código 044963 - CNPJ 44.197.044/0001 - S.A.C. 0800-773-6511

RUBINHO PIROLA

GUIA DE SOBREVIVÊNCIA DO CRISTÃO

1ª edição

Geográfica editora

Santo André

2016

SOBRE O LIVRO

"O que realmente significa ser cristão?" é o ponto de partida deste Guia. Aos que estão inquietos com esse assunto, aos que estão incomodados ou até aos já acomodados ou decepcionados, a relevância do tema é inegável.

No dia seguinte João estava ali novamente com dois dos seus discípulos. Quando viu Jesus passando, disse: "Vejam! É o Cordeiro de Deus!" Ouvindo-o dizer isso, os dois discípulos seguiram a Jesus. Voltando-se e vendo Jesus que os dois o seguiam, perguntou-lhes: "O que vocês querem? " Eles disseram: "Rabi", (que significa Mestre), "onde estás hospedado?" Respondeu ele: "Venham e verão" (João 1:35-39, NVI).

O singelo convite de Jesus é o mesmo até hoje, "venham e verão". Jesus não chamou seus discípulos para aprenderem uma nova religião, para uma vida de obediência a regras somente, para decorarem uma série de cerimônias e cumprirem uma certa quantidade de liturgias. Jesus convidou pessoas a andarem com ele, viverem com ele, aprenderem com ele e serem transformadas por ele. A reconhecerem nele o Caminho para um relacionamento com o Pai.

Eu vim para que tenham vida, e a tenham plenamente (João 10:10, NVI). Assim o próprio Jesus resumiu seu propósito, seu objetivo. Ser um cristão é basicamente andar com Jesus, viver com Jesus desejando ser como ele, aprendendo com ele. Não apenas vendo nele uma referência, uma inspiração, mas o conhecendo, tendo com ele um relacionamento real e assim, consequentemente, com o Pai.

Meu amigo Rubinho Pirola, neste Guia de Sobrevivência do Cristão, trata desse precioso assunto de maneira absolutamente séria ao mesmo tempo que com leveza e bom humor que, penso eu, não só fazem parte essencial da nossa existência, mas tornam a vida na fé uma caminhada irresistível.

Segundo Rubinho, "a fé cristã não tem, absolutamente, a ver com a maioria das religiões do mundo baseadas em ação e reação. A fé cristã fala de graça, depende da graça, que é o favor de Deus para quem não a merece".

Sendo que em nosso idioma a palavra graça também tem a ver com o bom humor, fica a obra completa. A fé cristã fala de graça, depende da graça e pode ser tratada com graça, para atingir tanto os que se encontram hesitantes diante do desafio de iniciar a bela e misteriosa andança com Jesus, como os que já iniciaram ou até mesmo aqueles que já se cansaram de frustradas tentativas de uma vida "religiosa", às vezes tão difícil que passar por ela e sair com alguma "sanidade" pode ser considerado uma verdadeira façanha de "sobrevivência".

A Palavra de Deus, a comunhão, a oração, os passos fundamentais do caminhar com Cristo estão presentes neste Guia.

Que Deus abençoe você na sua leitura! "

Rudemar Delalamo Jr.,
Teólogo e professor

“São milhões de perdidos no mar da pós-modernidade, muitos se seguram nos destroços do que restou da embarcação religiosa que foi a pique depois dos bombardeios. O Rubinho, com muito bom humor e propriedade, trata de temas fundamentais para a nossa caminhada de fé. O Guia de Sobrevivência do Cristão é uma obra leve e profunda que vai desconstruir conceitos equivocados, e ajudar você a colocar a mente e o coração no lugar certo. Fique tranquilo, ele o levará em segurança a uma vida de fé saudável com Deus”

Zé Bruno,
Compositor,
guitarrista da Banda de rock Resgate

DEDICATÓRIA

A TODOS os que sinceramente
AMAM a nosso Senhor JESUS CRISTO!

Especialmente à JOYCE,
meu suporte e companhia no caminho.

ÍNDICE

VAMOS EM FRENTE?

Para começar,
vamos entender direito...

O QUE REALMENTE SIGNIFICA SER CRISTÃO?

SEGUIR ALGUMA RELIGIÃO?

Seria, por acaso, vivermos em obediência a uma tábua de leis e preceitos, regras e mandamentos?

Ou seria vivermos andando corretamente, aguentando resignados as pauladas do patrão a vida inteirinha para ganharmos um prêmio qualquer no juízo final (como dizia a música de um compositor brasileiro famoso) ou uma recompensa depois de passarmos desta para algum lugar?

NÃO!

As escrituras dizem que é impossível ao homem salvar-se por seu próprio esforço – por conta de uma natureza falha e sujeita a erros como a nossa – isto é algo possível apenas a Deus. Não há como fazermos algo bom sem que, antes, sejamos transformados por uma ação Dele! (Gl 3.10-13; Rm 3.9-24; Jo 3.3-7).

SERIA SEGUIR ALGUMA TRADIÇÃO?

Seria vivermos aquilo que os nossos pais deixaram como script ou um roteiro para seguirmos? Seria agirmos de acordo com o que veio dos nossos antepassados e que recebemos sem vacilar? Algo que já está consagrado pela repetição e que devemos continuar fazendo?

NÃO!

Afinal, precisamos perguntar: em que cremos? É fruto de experiência vivida por nós ou é uma tradição? E se é tradição, ela pertence a quem? Isto é a nossa fé (convicção experimentada, provada) ou apenas uma superstição, fruto de "conversas" que sabe-se-lá-como vieram até nós?

Aliás, essa premissa de onde partem os religiosos sobre "o que devemos fazer para alcançar a salvação" foi precisamente a pergunta que alguém, um jovem rico, fez a Jesus e recebeu como resposta a afirmação que nem a sua vida de obediência aos preceitos da religião nem o seu zelo ético, moral, poderia habilitá-lo a receber de Deus a vida eterna. Jesus, na ocasião – e a respeito do ocorrido – deixou claro que toda essa pretensão sempre esbarra na impossibilidade posta a todo homem, sempre devedor aos céus ou à justiça divina, tal como nunca um camelo será capaz de passar pelo fundo de uma agulha (Mateus 19:16-26).

Ser cristão tem a ver com uma vida de princípios e não de tradições. Tem a ver com o beneficiarmo-nos de uma ação que nasceu em Deus, de sermos transformados por Ele mesmo e de sermos dirigidos por Deus, dia a dia, e não por tentarmos reviver experiências de outros, ou até do nosso passado. O que Deus tem para nós é uma vida totalmente nova, sem igual.

Toda vez que deixamos a comunhão viva com Deus dar lugar a uma relação idólatra com fatos, acontecimentos e experiências, mesmo que tenham vindos do Senhor, a ponto de não nos colocarmos à disposição de sua vontade e ação, estaremos sendo infiéis.

Essa é uma proposta de vida tanto maravilhosa quanto um tanto desconfortável, porque não é nada previsível (2Co 5:17).

Ainda assim, tem muita gente tentando viver das coisas passadas, preso ao que já se foi!

Provavelmente você já viu este filme: alguém (até mesmo um líder religioso) pensa alguma coisa, uma asneira qualquer, levado por alguma razão (até não muito honesta), prega-a a todo mundo e depois o seguem, sem crivo algum... Assim, com o desvio aceito, o erro é perpetuado! Vira uma tradição como tantas.

Isto de irmos atrás do que os outros passaram para nós, sem refletir e sem passar pelo crivo do nosso bom senso, às vezes nos faz muito mal. Por isso, nem tudo que recebemos serve de exemplo.

Lembro-me bem de uma vez quando notamos que a minha filha Rebeca estava com muita dificuldade para andar quando ela ainda era um bebê de poucos meses. Quando já nos preparávamos para levá-la ao médico, descobrimos a razão: ao me ver levantando do sofá, ela levantou-se e tentou andar exatamente como o papai.

Você pode estar pensando que não existe nada mais bonito que um filho seguir os passos do pai, certo?

– Nem sempre!!!

O problema é que desde que sofri um acidente quando ainda era muito novo, o meu modo de andar é um tanto quanto incomum. E minha filha, como toda boa filha, simplesmente tentava repetir o modelo do pai.

Talvez, se a baixinha soubesse falar, com toda aquela dificuldade, teria me dito: “Papai, por que você não anda de outro jeito? Assim é muito complicado!”

Parece engraçado, mas esse negócio de seguir a cabeça dos outros sem pensar, geralmente acaba mal!

SER CRISTÃO É SER ADEPTO DE ALGUMA IDEIA OU FILOSOFIA BASEADA EM AUTODISCIPLINA E TENDO COMO PRINCÍPIO NÓS E A NOSSA VONTADE?

TAMBÉM NÃO!

(Isso daria em nada...)

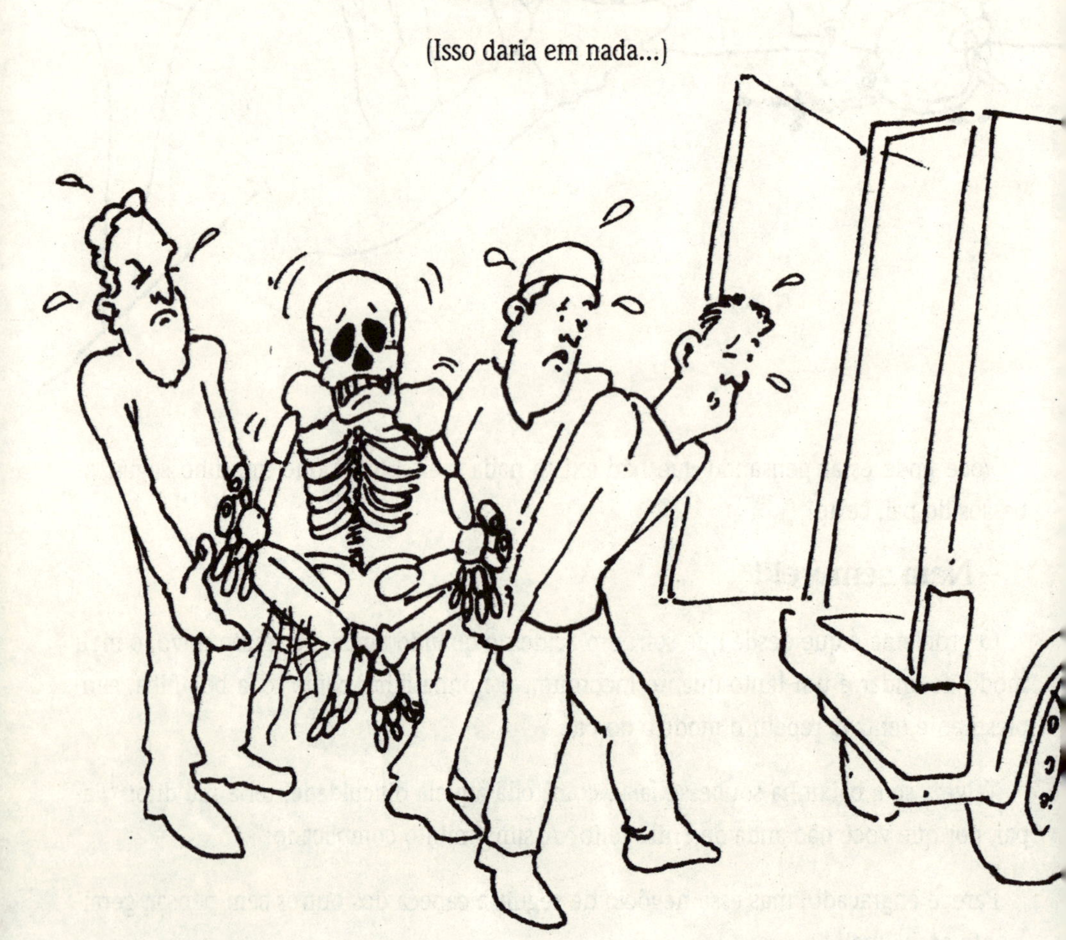

Mas ser Cristão também é bem mais do que:

Mudar de figurino

Mudar de linguagem

... ou usar símbolos e "cosméticos" que identifiquem a fé.

SER CRISTÃO É NÃO TER UM SUBSTITUTO PARA DEUS NA SUA VIDA!

Frequentar uma igreja

Se isso fosse verdade, os zeladores (aqueles que moram no prédio das igrejas) seriam os maiores e os mais exemplares cristãos do mundo!

Dar o dízimo ou fazer contribuições

Até o pessoal da Máfia (pelo que se sabe) contribui com as igrejas (e com muito dinheiro!) e nem por isso pode ser considerado cristão.

Ser alguém caridoso

Caridade nem sempre é sinal de amor e de um compromisso cristão. Por isso é que na Bíblia diz que ninguém pode ser salvo por suas obras, para que ninguém possa dizer que comprou o favor de Deus (Ef 2:8,9)

Carregar a Bíblia debaixo do braço (feito um desodorante!)

Pelo simples fato de que muitos, apesar de andar com ela (e às vezes até lê-la!), não a fazem viva por meio de seus atos!

Preservar e carregar consigo ídolos, patuás e símbolos

O símbolo acaba tomando o lugar de Deus. Ele ainda traz a sensação de que pode-se manipular a Deus, carregando-o mesmo por lugares condenáveis, dando a falsa ideia de que este pode protegê-lo em situações e atos que o Eterno desaprova.

E por aí vai! Por isso é que muita gente pode matar, torturar e fazer tudo o que é mau, às vezes carregando no peito um símbolo de fé cristã... O que era apenas um símbolo místico – que aponta para algo maior, ou que nos remete à memória ou à razão, de maneira visível o que é invisível – torna-o, pretensamente, possuidor poderes mágicos...

SER CRISTÃO É MUDAR DE VIDA,

É COMEÇAR DE NOVO, É VOLTAR A CONTAR OS DIAS.

Resumindo:

É nascer de novo!

Reencarnar?

Voltar à barriga da mãe?

NÃO!

A Bíblia diz que isso seria impossível! Não há como voltarmos ao ventre materno, como que a mendigar o perdão de Deus – que é amor – pela eternidade afora! (Ec 3:20; Hb 9:27; Rm 2:7; Co 5:1; 1Ts 4:17; 2Tm 1:10; Rm 12:1,2)

A ÚNICA MANEIRA É MUDAR DE CORAÇÃO!!!

Transformar o nosso modo de pensar.
E de agir, consequentemente.

Começar (a partir do zero, sem marcas ou culpas do passado) um processo em que Deus, por sua graça e poder, vai transformando a sua vida dia a dia a partir de agora!

A vida cristã oferece-se como a possibilidade de vivermos acima da nossa condição de pecado – que é mais do que praticarmos pecado (ou o erro ou o desvio do propósito divino e que nos predispõe a essa vida contrária a Deus).

Nada que façamos por nossas forças é capaz de agradar ao Eterno.

Seria como tentar um pé de laranjas e produzir melancias. Por isso, somos chamados de pecadores nas escrituras. Não somos pecadores porque cometemos pecados, mas os cometemos porque somos pecadores. É coisa de natureza. Mesmo as nossas "boas ações" só bastariam para pretensamente ou afrontosamente, tentar comprar o favor divino. É por isso que as Escrituras afirmam que é impossível ao homem – com um coração corrupto – querer comprar o perdão e acessar a amizade de Deus. É isso que presumem os religiosos. É assim que a mente de um humano afrontador à santidade do Deus das Escrituras pensa: fazer para merecer. Só pela graça é que nos habilitamos a viver com e para Deus.

"Porque pela graça sois salvos, por meio da fé; isto não vem de vós, é dom de Deus. Não vem das obras, para que ninguém se glorie;" (Ef 2:8,9).

ENTENDENDO A GRAÇA

A fé cristã não tem, absolutamente, a ver com a maioria das religiões do mundo baseadas em ação e reação, em meritocracia. A fé cristã fala de graça, depende da graça, que é o favor de Deus para quem não a merece. Mesmo quando a lei de Moisés veio até nós, veio para mostrar a nossa incapacidade em satisfazer, por nossos atos e méritos, o coração do Santo, do Eterno. Em Cristo Jesus toda a ação do homem foi e é coberta pela ação do Filho de Deus na cruz. Este é o escândalo da fé, que não nos paga segundo os nossos méritos, mas atribui favor pelos méritos de outro, O Messias esperado e imolado em nosso lugar.

Mas a graça não só nos livra da morte como também nos ensina a viver como Deus deseja, através do seu poder operando hoje em nós, aqueles que nasceram de novo.

> *Porque a graça de Deus se manifestou salvadora a todos os homens. Ela nos ensina a renunciar à impiedade e às paixões próprias deste mundo e a viver de maneira sensata, justa e piedosa neste tempo presente,... (Tt 2:11,12)*
>
> *Respondeu Jesus: Em verdade te digo que quem não nascer de novo, não pode ver o reino de Deus. (Jo 3:3)*
>
> *Então eu lhes darei um mesmo coração, e um espírito novo porei dentro deles; tirarei da sua carne o coração de pedra, e lhes darei um coração de carne. (Jo 3:5; Ez 11:19)*

E você sabe como isto é possível?

Antes de tudo, é algo para se acertar com Deus!

Para fazermos isto e nos acertarmos com quem é o soberano sobre tudo e sobre todos, temos obrigatoriamente que passar pela pessoa de Jesus Cristo. Foi o que ele pregou e indicou.

Segundo as suas próprias palavras, ele é o único caminho. Não há atalhos, por meio de nossas "boas intenções" e "boa vontade". Jesus afirmou ser ele o único caminho, sem atalhos ou desvios.

Por isso, quem quer se acertar com Deus precisa fazê-lo por intermédio de Jesus!!!

Veja algumas coisas que nas escrituras Jesus e outros, disseram a seu respeito:

- Eu sou o caminho, a verdade, e a vida; ninguém vem ao Pai, senão por mim (Jo 14:6)
- Quem me vê, vê ao Pai (Jo 14:9)
- E segundo o apóstolo Pedro, que disse: Em nenhum outro há salvação, pois também debaixo do céu nenhum outro nome há, dado entre os homens, pelo qual devemos ser salvos (AT 4:12)
- E ainda segundo o apóstolo Paulo: Porque há um só Deus, e um só mediador entre Deus e os homens, Cristo Jesus, homem (1Tm 2:5)

VAMOS VER
ONDE COMEÇOU
ESSA
HISTÓRIA...

NO COMEÇO, ANTES DE TUDO, DEUS JÁ EXISTIA (PAI, FILHO E ESPÍRITO SANTO) E DO NADA, ELE FEZ TODAS AS COISAS: OS CÉUS, A TERRA E TUDO O QUE NELES HÁ

COMO NO CÉU JÁ EXISTIAM TRABALHADORES QUE BASTASSEM (OS ANJOS!), ELE ENTÃO RESOLVEU CRIAR PARA SI UMA FAMÍLIA, A PARTIR DE UM SÓ HOMEM

AÍ, ACONTECEU UMA GRANDE CATÁSTROFE: O HOMEM DECIDIU SE REBELAR CONTRA DEUS E PARTIU PARA UMA CARREIRA SOLO, SENDO EXPULSO DA PRESENÇA DO PAI E AMIGO!

COMO CONSEQUÊNCIA, TODA A CRIAÇÃO FICA SUJEITA À UMA CONDIÇÃO DE SEPARAÇÃO DO ETERNO, TENDO DIFICULDADE DE RELACIONAR-SE COM O SEMELHANTE E TENDO DESEQUILÍBRIOS EM SI MESMO, TORNANDO-SE REFÉM DE UM CORAÇÃO CORRUPTO E CORRUPTÍVEL (DESDE O VENTRE DE QUEM A GEROU), ENFIM, UMA ALMA DESGOVERNADA. E ISSO PASSA A TODOS NÓS, OS SEUS DESCENDENTES COMO UMA ENFERMIDADE GENÉTICA TERRÍVEL!

* HOUVE UM FATO SIGNIFICATIVO (ANTES DO HOMEM EXISTIR): UM ANJO QUE POSSUÍA UMA GRANDE POSIÇÃO NOS CÉUS É EXPULSO E ARRASTA CONSIGO UM TERÇO DE TODAS AS LEGIÕES CELESTIAIS, NUMA CONSPIRAÇÃO CÓSMICA SEM IGUAL. O SEU NOME? SATANÁS, O ACUSADOR DOS SANTOS E INIMIGO DO HOMEM. APESAR DE DERROTADO, AINDA ANDA À SOLTA...

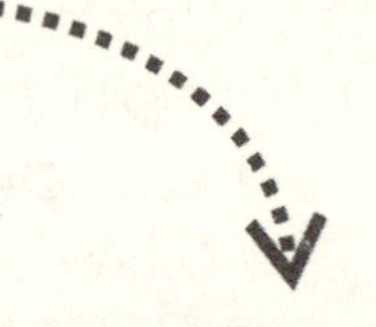

DEPOIS DE ALGUM TEMPO, DEUS SE REVELA AO HOMEM E DITA-LHE A SUA LEI QUE, APESAR DE SANTA E BOA, NOS MOSTRA COMO FOI GRANDE O NOSSO DESASTRE MORAL E ÉTICO EXPONDO CLARAMENTE A NOSSA IMPOSSIBILIDADE DE A CUMPRIRMOS PLENAMENTE. ELA ACABA POR REVELAR-SE MAIS COMO UM DIAGNÓSTICO, DO QUE REMÉDIO.

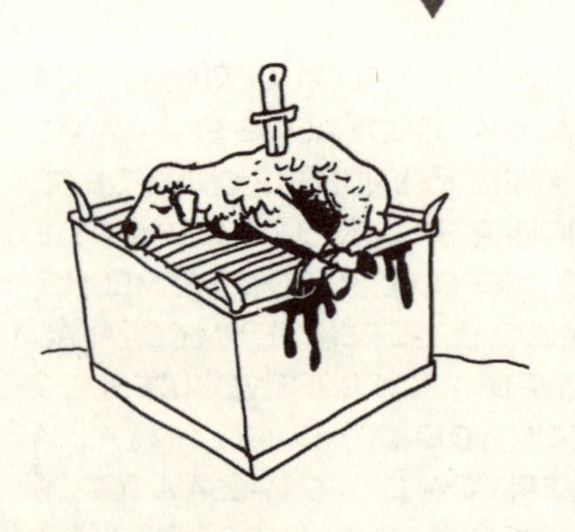

ENTRETANTO, COMO DEUS É BOM E MISERICORDIOSO, PERMITIU QUE TODA A NOSSA CULPA PELOS ERROS E MALDADE FOSSE TRANSFERIDA PARA ANIMAIS (INOCENTES E SEM DEFEITO - SIMBOLIZANDO JESUS, QUE VIRIA MAIS TARDE), QUE RECEBIAM O CASTIGO QUE TODOS NÓS MERECÍAMOS - A MORTE!

MAS NA PLENITUDE DOS TEMPOS, ACONTECEU O MAIOR PRESENTE QUE PODERÍAMOS RECEBER: DEUS FEZ-SE GENTE! VESTIU-SE DA NOSSA ROUPA APERTADA DA NOSSA HUMANIDADE E VEIO PAGAR UMA CONTA QUE ERA RESPONSABILIDADE NOSSA!

NA CRUZ, COMO UM CRIMINOSO, JESUS DEU TUDO QUANTO TINHA E ERA, MORRENDO PARA QUE O PERDÃO DE DEUS CHEGASSE A CADA SER HUMANO. ATRAVÉS DE SEU SACRIFÍCIO QUITOU A DÍVIDA DE TUDO O QUE DEVÍAMOS E AINDA VAMOS DEVER. O CORDEIRO DE DEUS POSSIBILITOU O CANCELAMENTO DA NOSSA PENA CAPITAL.

MAS A HISTÓRIA NÃO ACABA AÍ, ALELUIA! A MORTE (A SEPARAÇÃO, A IMPOSSIBILIDADE, A CIRCUNSTÂNCIA, A DESESPERANÇA,...) NÃO CONSEGUE SEGURAR OU VENCER JESUS, QUE RESSUSCITA AO TERCEIRO DIA NO TÚMULO. ELE É O ÚNICO LÍDER, A ÚNICA DIVINDADE, OU PROFETA, QUE NÃO POSSUI UM TÚMULO. DEPOIS DE TER APARECIDO A CENTENAS DE FIÉIS, ELE SOBE AOS CÉUS E NOS ENVIA O SEU ESPÍRITO E PODER, PARA FAZER DE NÓS A SUA HABITAÇÃO - OU TEMPLO - PARA QUE CUMPRAMOS O SEU PROPÓSITO - E NÃO PELAS NOSSAS FORÇAS...

JESUS, QUE UM DIA FOI PARA OS CÉUS, VOLTARÁ INESPERADAMENTE COMO UM LADRÃO, COMO RELÂMPAGO, VINDO BUSCAR OS SEUS E JULGAR A TERRA COM JUSTIÇA E OS POVOS COM EQUIDADE - E TODO OLHO O VERÁ!

DEFINIÇÕES IMPORTANTES!

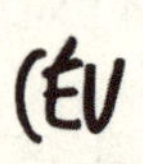

CÉU

MAIS DO QUE UM LUGAR OU DIMENSÃO GEOGRÁFICA PARA ONDE IREMOS VIVER ETERNAMENTE, É A CONDIÇÃO QUE TODO CRISTÃO TEM DE EXPERIMENTAR AQUI E AGORA, O PRAZER DE RELACIONAR-SE COM DEUS.

INFERNO

MAIS DO QUE UM LUGAR DE TREVAS E DOR, ONDE SATANÁS E OS SEUS VÃO PAGAR PELOS SEUS ERRO, É TODO LUGAR OU SITUAÇÃO ONDE DEUS NÃO ESTÁ DELIBERADAMENTE PRESENTE.

INFELIZMENTE, MUITOS CRISTÃOS AINDA FAZEM DA CRUZ UM FIM EM SI MESMA E DESCANSAM NO QUE IMAGINAM TER ALCANÇADO. IMAGINAM QUE DEUS É O SEU SERVIÇAL OU QUE O PODEM DOMESTICAR. HÁ AINDA OS QUE IMAGINAM QUE ELE É O FIADOR DOS SEUS PROJETOS PESSOAIS DE SUCESSO, DESPERDIÇANDO O SEU TEMPO (E PROVOCANDO O CRIADOR - E SENHOR!), SEM JAMAIS SE OCUPAREM EM SABER - E CUMPRIR - A SUA VONTADE ETERNA E SOBERANA!

PODE SER QUE VOCÊ
ESTEJA PENSANDO:
MAS TODO
MUNDO NÃO É FILHO DE DEUS?

Não como dizemos ser.

Filiação é coisa séria. Embora Deus queira que "ninguém se perca" (2Pe 3:9), Jesus, que como ninguém ou nenhum outra personagem das religiões, apresentou durante toda a sua vida terrena, o Soberano de Israel, como Pai e mais: um pai amoroso e próximo. Assim como as escrituras bíblicas apresentam o Eterno como o Juiz, o Soberano, o Todo Poderoso, Jesus revelou-O como Pai, o Nosso Pai, como tão enfaticamente o descreveu. E mais: reconheceu que nem todos são filhos de Deus (Jo 8:44). Jesus, afinal, se podemos resumir a sua pregação, veio nos chamar a todos, para uma relação de intimidade com o Deus de Israel, para muito além da obediência – e esta fria, mecânica e até impessoal. Relacionamento e intimidade podem traduzir, ou resumir, o chamado do Cristo, na nossa reaproximação com Deus.

Apesar de Jesus ter vindo cancelar a nossa dívida de sangue, pagar a fatura pelo nosso erro, rebelião e desobediência, nem todos desejam isso e acabam não sendo levados de volta à condição de filhos de Deus. A não ser que haja uma explicitação de nossa recusa em aceitar o perdão dos nossos pecados pela graça de Jesus, fomos chamados à realidade de vivermos como "filhos de Deus". É preciso que aceitemos essa condição e recebamos essa possibilidade aberta de reatarmos o relacionamento com o Criador, ela já está aberta a nós. E foi ela franqueada na cruz.

Se você reparar bem, um mundo desequilibrado e injusto como esse que vivemos não pode ser obra e fruto de... filhos de Deus!

POR ISSO, QUEM ESTÁ SEM CRISTO ESTÁ EM TREVAS, NA MAIOR ESCURIDÃO, CAINDO E SEM SABER ONDE OU POR QUE, SOFRENDO E AINDA CRIANDO AS MAIORES FANTASIAS - PARA SI MESMO - PARA EXPLICAR OU PODER SE ALIMENTAR DAS SUAS ILUSÕES QUANTO AO SEU SOFRIMENTO...

(PV 4:19; IS 59: 9,10)

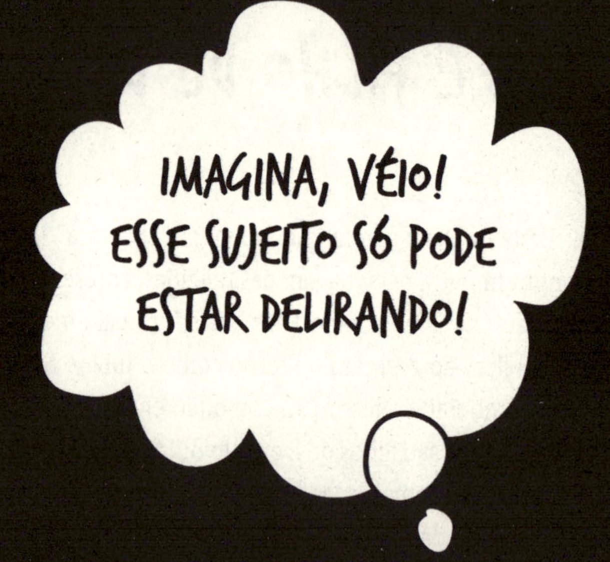

IMAGINA, VÉIO!
ESSE SUJEITO SÓ PODE ESTAR DELIRANDO!

CREIA, SEM JESUS NA NOSSA VIDA, ESTAMOS TODOS NO ESCURO!

TEM CADA UMA...
(AIIII!!!..., O QUE É ISSO?!...)
NÓIS SEMO NORMAL!

QUANDO NOS ENCONTRAMOS COM A LUZ NÃO SÓ VEMOS A DEUS COMO ELE É, COMO NOS VEMOS COMO SOMOS E COMO DE FATO ESTAMOS!
?!

EU (JESUS) VIM AO MUNDO COMO LUZ, PARA QUE TODO AQUELE QUE CRÊ EM MIM NÃO PERMANEÇA NAS TREVAS (JO 12:46)

ALELUIA! SER CRISTÃO SIGNIFICA A POSSIBILIDADE DE NOS TORNARMOS FILHOS DE DEUS, RESTAURANDO O NOSSO RELACIONAMENTO COM ELE, POR MEIO DA FÉ EM

JESUS CRISTO,

O FILHO DO DEUS VIVO, SENHOR DE TUDO E DE TODOS!

É isto que o evangelho ("boa notícia" em grego) diz.

Veja bem: (Jesus) veio para os que eram seus, mas os seus não o receberam. Mas a todos os que receberam, àqueles que creem no seu nome, deu-lhes o poder de serem feitos filhos de Deus"(Jo 1: 11,12)

E você sabe o que quer dizer "crer em seu nome"?

Segundo este texto, significa "receber". E receber algo que está além das nossas posses, fora de nós mesmos. Significa que aquilo que nos faltava, Deus providenciou em Jesus Cristo.

Crer não é um sentimento. É uma decisão! É considerar algo como verdadeiro e válido. É decidir viver de um modo novo (sentindo ou não), assumindo algo que Deus já nos deu!

Se vivíamos como filhos do diabo (apesar de criados por Deus...), hoje, por meio de Jesus Cristo, podemos receber a herança de filhos por adoção (é interessante como as escrituras nos chamam de filhos. Não filhos adotivos, mas filhos por adoção. Ou seja, não filhos de segunda categoria, ou de natureza inferior. Só o modo de geração é que é especial: somos recebidos pela vontade Daquele que nos criou.

Crer em Jesus significa relacionar-se com ele, isto é: amá-lo, segundo o que ele mesmo disse, significa obedecê-lo: *Se me amais, guardareis os meus mandamentos;(...) Aquele que tem os meus mandamentos e os guarda, esse é o que me ama. E quem me ama será amado de meu Pai, e eu também o amarei e me manifestarei a ele* (Jo 14: 15,21).

O que chamamos de "obedecer", é nada mais que aceitarmos o seu governo, o seu domínio e primazia, o seu senhorio ou nos submetermos inteiramente a ele e à sua palavra, mesmo que isso seja contra o que podemos ver, sentir ou tocar (2 Co 5:7). Na linguagem bíblica, chamamos isto de "viver pela fé" (Hc 2:7; Hb 11:1).

Eu (Jesus) vim ao mundo como luz, para que todo aquele que crê em mim não permaneça nas trevas (Jo 12:46).

VOCÊ AGORA PODE EXPERIMENTAR O MAIS FASCINANTE ESTILO DE VIDA:

CRENDO PRIMEIRO NUMA REVELAÇÃO E CONHECIMENTO DE DEUS, PARA VER DEPOIS (JO 20:29).

ISTO É FÉ.

E ISTO VENCE O MUNDO (1 JO 5:4)!

Você acaba de entender o passo mais importante que alguém pode dar: tornar-se **FILHO DE DEUS!**

Isto não é algo natural, capaz de ser compreendido só com a mente. É plausível imaginar que é impossível à criatura chegar ao Criador pelos seus próprios recursos. Por essa razão, é algo divino ao qual devemos nos render totalmente. Por isso, de agora em diante não somente Deus nos chama de filhos, mas passa a nos tratar como tais, alguém que poderá conhecer o caráter do Pai, relacionar-se com ele e desfrutar de um relacionamento que não existia porque havia um muro gigante que nos separava. Esse fenômeno acontece sobrenaturalmente, com a ajuda do Espírito Santo (a terceira pessoa da Trindade, o Deus vivendo dentro de você e de mim).

Você não preencheu uma ficha de filiação de nenhuma agremiação religiosa, e nem tornou-se membro de nenhum clube ou mesmo tornou-se um religioso (uma pessoa que tem de cumprir uma série de requisitos cerimoniais, de regras), do contrário terá seu status perdido, como se um dia um filho pudesse deixar de sê-lo. Pode-se mudar de nome num cartório, negar-se uma filiação, mas isso nunca o tornará um ex-filho. Ou seja, se você sabe que as suas obras não o puderam levar a Deus, posto que Ele mesmo se encarregou de o trazer para um relacionamento que não existia, também não será você quem o poderá deixá-Lo. Essa realidade não poderia existir se isso dependesse de você e daquilo que é capaz de fazer e veio dele pela graça. Esta é a grande notícia que deve estar queimando agora em sua vida: saber que você é um filho amado de Deus!

> *Mas Deus prova o seu amor conosco, em que Cristo morreu por nós, sendo nós ainda pecadores (Rm 5:8).*
>
> *Não foram vocês quem me escolheram, mas eu vos escolhi a vocês e vos nomeei para irem e produzirem fruto, e fruto que perdure, de modo que o Pai vos dê tudo o que pedirem em meu nome (Jo 15:16)*

Esta é a essência do Cristianismo!

> *Pois é pela graça que sois salvos, por meio da fé ___ e isto não vem de vós, é dom (presente) de Deus ___ não das obras, para que ninguém se glorie (Ef 2: 8,9).*

Hoje, graças a Jesus, você não está mais obrigado a pecar –por ignorância à respeito de Deus, ou pela submissão aos instintos naturais, da sua carne, frutos de um coração enfermo e inimigo de Deus. Não está mais sujeito a fazer o que o nosso inimigo e a nossa velha natureza nos obrigam. Agora é uma questão de deixar que o Espírito de Deus que passou a viver DENTRO de você, faça o resto da obra. A transformação que Deus quer ver em sua vida, começa por dentro. É algo que já teve início em seu coração quando reconheceu que é pecador e aceitou o perdão divino. Isto aconteceu graças ao sacrifício de Jesus Cristo, que foi o pagamento de todo o seu erro e separação de Deus. A partir desse momento, ele passou a – e deve – governar sua vida.

VAMOS RECAPITULAR?

COMO TORNAR-SE UM CRISTÃO?

1) Reconhecendo-se pecador – o seu problema, a sua incapacidade, a sua tendência natural, sem esforço, ao erro – e reconhecer que precisa de ajuda, confessando os seus pecados (em sua confissão, chame-os pelo nome: avareza, orgulho, ódio, rancor, idolatria, e outros que você bem sabe...).

2) Reconhecer que Jesus pagou seus erros por você (admitir que ele pagou toda a dívida que era sua, tomando sobre ele todo o castigo e prejuízo que você causou – e ainda por vir a causar – a Deus e às pessoas).

3) Resolver morrer para a vida que levava, onde você era o alvo principal.

4) Resolver renunciar a todo pacto feito com outro deus, ou ídolo, que não o Senhor, e decidir romper com o único caminho que tinha traçado: satisfazer a você mesmo.

5) Decidir viver para Deus, e sob o governo dele e seu comando, apresentando-se a si mesmo (tudo o que é e o que tem: talentos, dons, tempo, recursos...) como instrumento de amor, justiça e graça.

ISSO É SER CRISTÃO:

VIVER PARA DEUS, SUBMETENDO-SE E RELACIONANDO-SE COM ELE COMO FILHO, POR INTERMÉDIO DE JESUS,

contando com a ajuda dele pelo poder do seu Espírito Santo para viver neste mundo, fazendo a sua vontade!

PERIGOS NO TRAJETO

Atenção!

Você precisa saber de mais umas coisinhas antes de prosseguirmos...

Você é filho de Deus. Aleluia! Isto é bom demais!

No entanto, é bom que saiba que muitas coisas vão cooperar para que você se afaste do Pai.

Na verdade, essa coisa é ainda mais perigosa porque não vem assim de uma hora para outra.

Como alguém que vai perdendo a visão, num processo que leva um bom tempo, como uma miopia, por exemplo, que vai chegando, chegando e só se percebe o quanto de visão se perdeu quando enfim se visita um oftalmologista, assim o pecado pode ir deteriorando, ou esfriando, a nossa relação com Deus.

No começo, como muita gente experimentou (e como você deve estar se sentindo, se abriu recentemente o seu coração para Deus) havia aquela alegria indescritível que quase fazia explodir o coração. Não havia medo, não havia reservas para com os outros. No coração, só havia uma disposição tremenda para o serviço e bem ao próximo. Seja qual fosse. Seja onde e para quem fosse ele. Só se desejava viver para Deus. Naquele tempo, não havia constrangimento, só uma disposição irresistível de compartilhar o que havia acontecido dentro de nós.

MAS, POUCO A POUCO... COMEÇAMOS A ESFRIAR!!!

Começamos a notar problemas que antes não nos afligiam ou que não nos incomodavam tanto, e a apontar criticamente os defeitos dos que também passaram por essa experiência do novo nascimento, os nossos irmãos da comunidade da fé, a ver coisas sobre a família, seja o pastor ou algum dos que andam conosco, de uma forma muito mais dramática.

Os problemas que nos afetam já fazem com que nunca conjuguemos a primeira pessoa (eu) nas nossas atribuições de culpa e responsabilidade. Elas sempre têm por razão e objeto a segunda e a terceira pessoas (tu e ele, vós e eles).

O passo seguinte é que passamos a funcionar somente depois de receber um cargo ou posição de destaque, quando em outros tempos nos dispúnhamos a servir sem condições ou reconhecimento de quem quer que fosse. Naquele tempo, só nos interessava satisfazer o coração do Pai.

O que agora encontra eco no nosso coração somos nós mesmos. A nossa vontade voltou a mil por hora! Nossa preferência e gosto voltaram a ser essenciais e acima do benefício de quem quer que seja além de nós.

Como resultado disso, passamos a sentir um gosto de mesmice na boca e a nossa vida voltou a ser monótona. Não estamos mais satisfeitos. Sem crescer, sem avançarmos na vida, sem experiências, estamos outra vez cheios de manias e cacoetes espirituais.

Novamente dependemos da experiência dos outros ou das coisas do passado.

Além das rugas, nada há de novo para se viver...

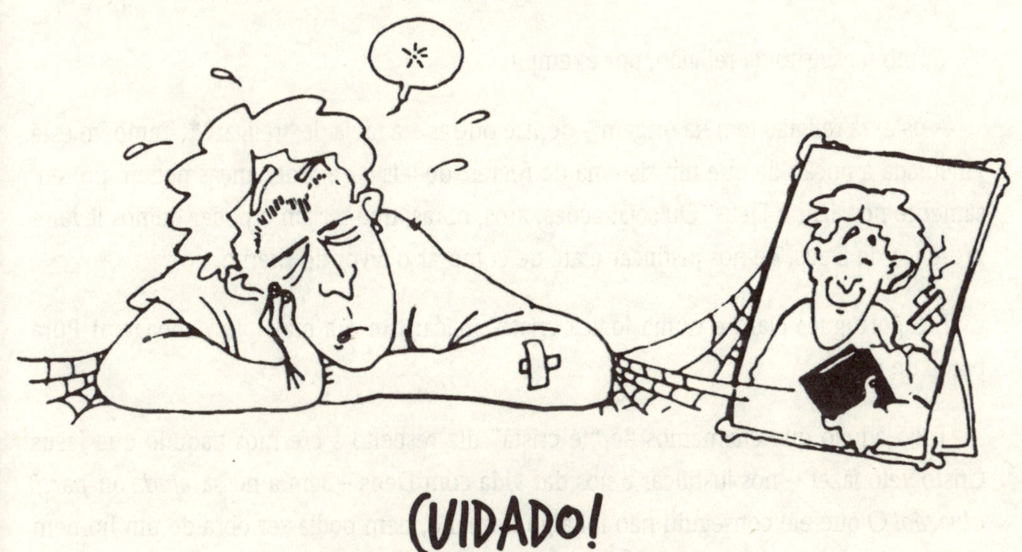
CUIDADO!
ESTA ALEGRIA NÃO
É PARA ACABAR!

Contudo, como você mesmo pode ver na vida de alguns dos seus irmãos de fé, o entusiasmo pode esfriar. E o que restou de Jesus em suas vidas é apenas uma lembrança distante...

HÁ GRANDES PERIGOS NESTA JORNADA. E A PRIMEIRA ADVERTÊNCIA É:

CUIDADO COM A RELIGIÃO!

Muita gente acredita que precisa temer o diabo, nosso inimigo, pelo que ele pode fazer contra nós.

Entretanto, o pior mesmo é aquilo que ele pode fazer conosco, isto é COM a nossa ajuda. Com aquilo que de mau carregamos dentro de nós e que lhe oferece uma cooperação maligna, que antes de tudo, é contra nós.

Aí mora o perigo!

Como o espírito da religião, por exemplo.

A palavra religião tem na origem – dentre outras – a ideia de "religar"*. Também está vinculada à noção de que um sistema de regras, de leis e de ordenanças podem pretensamente nos ligar a Deus. Ou seja: ações, atos, obras, que teriam o poder de nos levar à presença de Deus, de nos justificar e até de comprar o favor do Eterno.

Em português claro e numa lógica cristã-bíblica: isto é a mais pura bobagem! Pura perda de tempo.

Tudo aquilo que chamamos de "fé cristã" diz respeito à crermos naquilo que Jesus Cristo veio fazer – nos justificar e nos dar vida com Deus – sem a nossa *ajuda* ou *participação.* O que ele conseguiu não foi algo humano, nem podia ser obra de um homem pecador e cheio de culpa no cartório celestial, como nós éramos. Por isso, Jesus precisou fazer tudo sozinho. A obra de Cristo – sua vida santa e agradável a Deus e o seu sacrifício vicário por cada um dos seres humanos de antes e após ele.

Tampouco fomos nós quem o procuramos. Ele é quem veio atrás de nós.

---

* *Etimologicamente, não é ponto pacífico que religião provenha do latim religare (ligar, religar), como adverte Benveniste, que identifica outra raiz para o termo, relegere (recolher, colher, cumprir escrupulosamente) – remetendo, assim, à observância de regras institucionais ou rituais. Mais: algumas civilizações sequer desenvolveram um termo equivalente, o que, no mínimo, põe sob suspeita a universalidade da definição ocidental (cristã) de religião (BURITY, Joanildo A. Novos Paradigmas e Estudo da Religião: uma reflexão anti-essencialista. Recife; INPSO-FUNDAJ, Instituto de Pesquisas Sociais-Fundação Joaquim Nabuco; 2000)*

Na realidade, esse esforço de tentarmos nos justificar pelos nossos atos ou de acharmos que podemos receber algum reconhecimento e glória da parte de Deus, nos fala de uma tendência quase genética resultante do pecado (aquilo de ruim que sobrou em nós humanos, desde o tombo no Éden), o de transformarmos relacionamento em...

RE-LI-GI-ÃO!

O que era para ser interação, ligação perfeita, amizade, amor e comunicação plena, vira rapidamente uma ligação religiosa, superficial, cerimoniosa, em que só existe o nosso interesse unilateral, o egoísmo e a perspectiva de satisfação dos desejos e necessidades de apenas um lado: nós mesmos!

COMO NUM CASAMENTO DESPROVIDO DE VIDA!

Por isso é que a bíblia usa essa analogia tantas vezes, comparando nossa vida com Deus com o relacionamento entre marido e mulher!

Quem é casado sabe disso. No começo é o mel, a tremedeira, o calafrio, as emoções... Não há nenhum constrangimento em compartilhar todos os segredos, todos os sonhos, todas as lágrimas...

*
Nesse período, ninguém tem vergonha de parecer ridículo...
*MEU CHUCHU, MEU PUDINZINHO
Com o tempo *(e o espírito da religião!!!)* essa tendência vai nos deixando desleixados...
DIA!

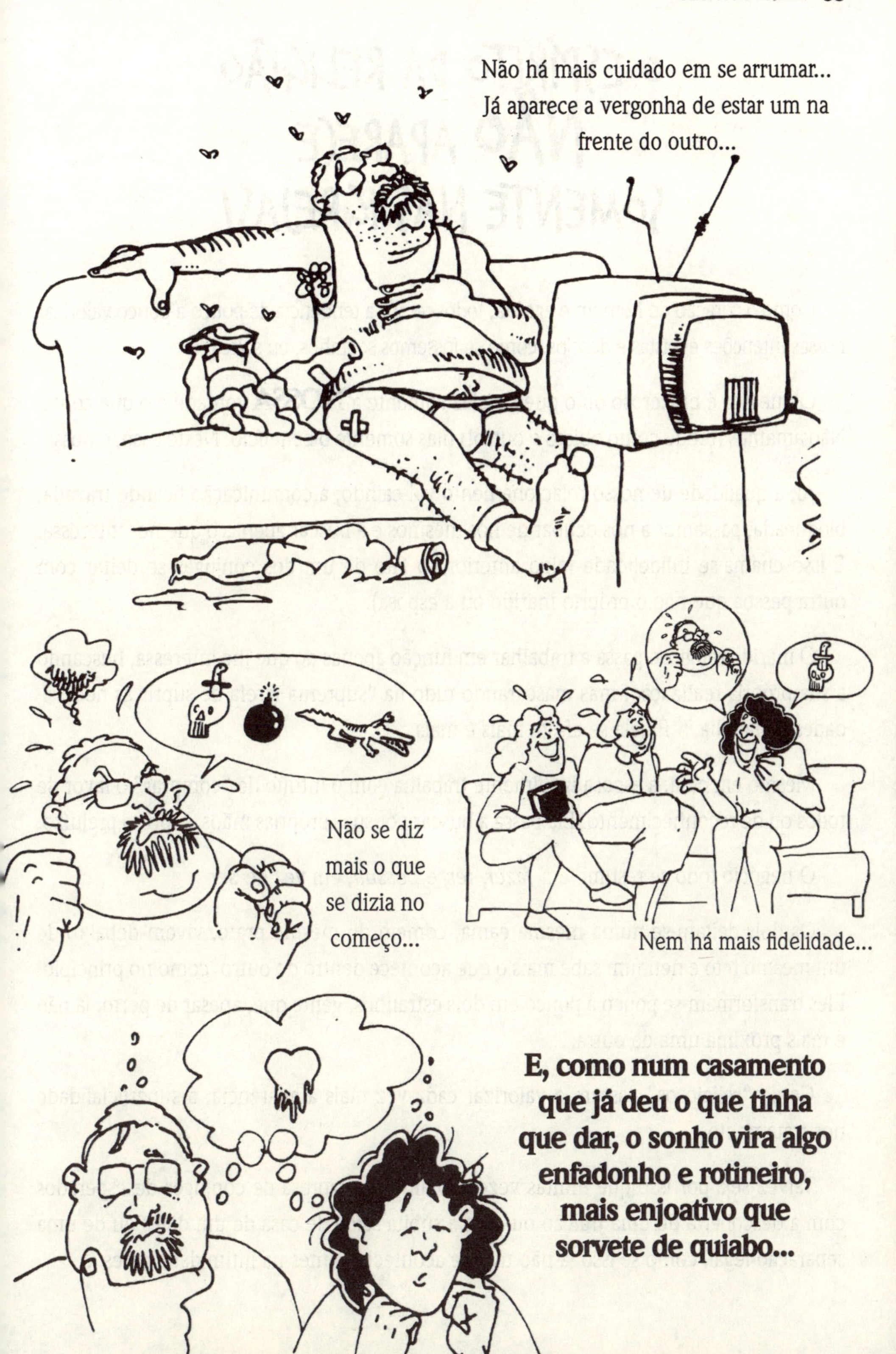
Não há mais cuidado em se arrumar...
Já aparece a vergonha de estar um na frente do outro...
Não se diz mais o que se dizia no começo...
Nem há mais fidelidade...
E, como num casamento que já deu o que tinha que dar, o sonho vira algo enfadonho e rotineiro, mais enjoativo que sorvete de quiabo...

O ESPÍRITO DA RELIGIÃO NÃO APARECE SOMENTE NAS IGREJAS!

Como o coração do homem é egoísta, todos temos a tendência de pouco a pouco valorizar nossas intenções egoístas e desejos, como se fôssemos sozinhos, ou solteiros.

O que nos é prazeroso ou o que satisfaz somente a **NOSSA** vontade é o que conta. Não amamos (tendo como objeto o outro!) mas somente o benefício. Neste caso, o nosso.

Aí, a qualidade de nosso relacionamento vai caindo, a comunicação ficando travada, bloqueada, passamos a nos ocupar de nós mesmos e a buscar apenas o que nos interessa. E isso chama-se infidelidade (algo anterior ao fato de um dos cônjuges se deitar com outra pessoa que não o próprio marido ou a esposa).

O marido religioso passa a trabalhar em função apenas do que lhe interessa, buscando a sua própria realização, mas mascarando tudo na "suprema tarefa de suprir as necessidades da família." E dela se afasta mais e mais...

Mesmo em casa, a esposa igualmente trabalha com o intuito de "comprar" o favor de todos ou de reconhecimento. Ela passa a buscar por suas próprias mãos suprir o prejuízo.

O negócio todo se resume em *fazer*, *ter* e *possuir*, em vez de *ser*.

Os dois deitam-se numa mesma cama, comem do mesmo prato, vivem debaixo de um mesmo teto e nenhum sabe mais o que acontece dentro do outro, como no princípio. Eles transformam-se pouco a pouco em dois estranhos, gente que, apesar de perto, já não é mais próxima uma da outra.

Como "religiosos" passam a valorizar cada vez mais a aparência, a superficialidade nos tratamentos.

Talvez seja por isso que muitas vezes notamos a surpresa de cônjuges desesperados com a descoberta de uma traição ou com a súbita saída de casa de um deles ou de uma separação legal, como se isso já não tivesse acontecido antes na intimidade deles...

... E QUEM FALOU
QUE EU NÃO AMO
MINHA ESPOSA?!
EU AMO

MAS EXISTE OUTRO RESULTADO DA RELIGIÃO: A LEI!

Quando não há relacionamento ou maturidade nas nossas ligações afetivas, quando as relações são frágeis, aí aparece a lei, a obrigação, a imposição. Em vez da submissão a papéis sociais e ao benefício do outro, aparece a subserviência, uma relação doentia em que a manipulação ou a opressão é a marca – nas igrejas e em nossas ligações interpessoais.

Sempre que o compromisso de amor e fidelidade deixa de existir, surgem regras, os mandamentos e as imposições.

Isto faz-me lembrar de uma senhora, cristã fiel, cujo testemunho fiquei sabendo há algum tempo numa das minhas viagens. Disseram-me que essa mulher esteve casada com um desses machões que existem às pencas no país. Toda vez que ele saia de casa pela manhã, deixava-lhe um bilhete com todas as tarefas para o dia. Quando chegava do trabalho à noite, todas elas lhe eram cobradas. Apesar de tudo, nessa relação enferma, diariamente ela cumpria o dever com resignação e amor, como convém a alguém que conheceu a graça e o favor de Deus.

Passado algum tempo, essa senhora ficou viúva do dito cujo e, mais alguns anos depois, veio a se casar novamente (bênção maior ainda) com um senhor que a tratava diferente. Muito diferente: ele nunca lhe cobrou nada, nunca lhe exigiu nada. Certo dia, remexendo as gavetas, ela deparou-se com um dos bilhetes diários. Então, ela começou a rir e a pensar que neste novo casamento ela fazia ainda mais do que lhe exigiam os antigos bilhetes. Porém, desta vez era melhor: sem o peso da cobrança! Se havia amor do

tipo sacrificial pelo falecido, agora seu amor atual era alimentado por um ótimo relacionamento com o novo marido.

É por isso que Deus quis que na Nova Aliança que celebraria conosco por meio da vida e de Jesus, o amor fosse o fundamento (Ez 11:19; Jr 24:7; 32:38-40).

Não se trataria mais de uma obediência externa, fria e impessoal, como uma relação regida por um código de leis.

Em Jesus, no que ele pregou e viveu e faria na cruz, ele escreveria a sua lei em nossos corações (não mais aqueles de pedra, insensíveis e resistentes à sua voz, mas de carne!), em nossas mentes.

O que ele ainda tem como plano é uma relação ainda melhor, fundamentada no amor, balizada pelo que ele próprio fez.

Este justamente é o segredo de quem vive para Deus: buscar conhecer mais e mais o seu amor! Quem o conhece, conhece a sua lei. Ele e a sua vontade, a sua lei, são a mesma coisa. Se o amamos, fazemos o que ele nos ordena. É automático, é diretamente ligada uma coisa na outra (Jo 15:14).

Por isso acho significativo quando Paulo diz em 2Coríntios 5:14 "*... porque o amor de Cristo nos constrange*". Na língua portuguesa, constranger é obrigar! Jesus me amou tanto, fez algo tão grande por mim, que hoje só posso viver para ele. Era isso o que ele queria dizer quando afirmou: "Para mim, o viver é Cristo"(Fp 1: 21). Quanto mais olhamos para o amor de Deus em Cristo, mais somos forçados a viver para ele.

"CONSTRANGER, É OBRIGAR!"

Como num casamento doente, nosso relacionamento com Deus pode se transformar apenas numa religião:

UMA LIGAÇÃO FRIA MOVIDA PELA APARÊNCIA E PELAS CIRCUNSTÂNCIAS.

No cristão, este tipo de ligação se manifesta quando os nossos atos passam a contar mais do que a graça de Deus em nós. Ocorre quando fazemos tudo por nosso próprio esforço e tendo como alvo os nossos próprios interesses.

Quando nos empenhamos nas nossas disciplinas espirituais – oração, leitura e meditação da Palavra,... – e depois nos sentimos como que credores do favor de Deus. Já nos sentimos mais "santos e merecedores" de tudo quanto de Deus desejamos obter.

Fazemos, damos e contribuímos esperando o reconhecimento humano (o que chamamos de glória humana) e o de Deus, tentando comprar o seu favor.

Por isso, a palavra diz em 1Coríntios 13 que ainda que distribuíssemos nossos bens aos pobres, que nos entregássemos ao martírio e ao sacrifício sem amor (que é a disposição de buscar o melhor para o outro, o próximo ou para Deus), isso seria uma bobagem.

Ainda que tivéssemos fé suficiente para transportar o Himalaia (uma qualidade de fé que iria impressionar as multidões) ou tivessemos o dom de profecia e conhecêssemos tudo, todos os mistérios e toda a ciência ou orássemos em todas as línguas e pregássemos como o maior dos pregadores, sem amor de nada valeria.

Aos ouvidos de Deus, seria como que uma barulhada de lata vazia.

O religioso é muito "bem intencionado", mas não obedece ou coloca a sua vida a serviço dos outros, porque isto significa fazer algo que pode não ser agradável, ao ir contra o seu coração e vontade (e submeter-se é amar, segundo João 14:15).

A obediência vai muito além da letra e do papel (coisa que a religião da época de Jesus buscava seguir, mas sem o espírito com que Deus a enviou).

Quando a religião toma conta de nosso coração, o formalismo e o cerimonialismo tomam o lugar da espontaneidade no relacionamento com o Pai.

Nossas orações já estão cheias de pedidos e mais pedidos, mostrando que o sujeito delas são os nossos próprios desejos...O bonito não é mais a sinceridade, mas a retórica, a concordância verbal, a gramática. A moldura, e não o quadro. A casca, e não o fruto. O terno, a gravata, a roupa, os cabelos, as unhas, e não o coração que trazemos para o altar.

Neste caso, geralmente também estamos mais preocupados com a estrutura, com a convenção, com a "regra" e tendo nossas desculpas em Deus.

Nada me alegra mais que poder pregar o evangelho a alguém e depois ver o seu amor por Jesus crescer, crescer, até que ninguém possa mais segurá-lo. Por isso mesmo é que nunca vi evangelistas, pastores e mestres mais eficientes do que os que são apaixonados por Jesus.

Não há campanha evangelística que dê certo em igreja cheia de "religião". Neste caso, é melhor promover antes uma "Campanha de Quebrantamento".

Às vezes, o que chamamos de fanáticos não são apenas os que não raciocinam sem algum senso, manipulados ou obcecados por alguma ideia, mas podem ser também aquelas que não se importam com o julgamento da multidão, para o sucesso pré-fabricado, estandartizado, para o modelo tecido nas nossas "rodas da fama igrejeira".

Via de regra é no meio destas pessoas que a gente vê o diabo levar a maior surra...

ÀS VEZES, É ATÉ CÔMICO VERMOS CRISTÃOS CARRANCUDOS, CHEIOS DO PESO DA TRADIÇÃO E DA POEIRA DA RELIGIÃO NAS COSTAS, TENTANDO CONTER O ENTUSIASMO DE

PESSOAS CHEIAS DE PAIXÃO POR JESUS!

Imagine só chegar para alguém que estava quase morto, dominado pelo vício nas drogas, escravizado pela prostituição, cego pela falta de esperança e que de repente foi liberto por Jesus, iluminado pelo Sol da Justiça, e dizer-lhe: "Você está exagerando!" ou "Você não precisa se emocionar toda hora que louva a Deus" ou ainda "Emoção demais não faz bem à fé"!

*E AINDA TEM GENTE QUE ACHA QUE EU É QUE GOSTO DE FAZER PIADA!

Lembro-me bem quando soube que o André, um membro de minha igreja, passara horas chorando logo após sua conversão. Quando lhe perguntei a razão da crise, pensando que algo o perturbara, como se algum pecado estivesse tentando-o fazer retroceder, ele disse que se sentia amargurado ao lembrar de quanto tempo perdera em sua vida, sem conhecer o amor de Deus em Jesus! Então, chorou lágrimas de gratidão e de amor.

Isso eram os sinais de um arrependimento sincero e doido que o levou ao que muitos poderiam chamar de fanatismo: uma vida apaixonada por Jesus!

Como é difícil colocar estas pessoas debaixo do cabresto de nossa "fé-bem-comportada-e--cheia-de-etiquetas"...

Quando há amor, não há medo, não há barreiras, não há ordem para nos fazer trabalhar, não há hora ou dia para se estar de plantão na casa de Deus, não há aquelas "tabelinhas" de informação sobre dizimistas nas portas das igrejas (se os membros cumpriram ou não com a sua obrigação, e com quanto o fizeram) que nos faça contribuir, nem há hora para buscarmos agradar a Deus.

SE NÃO EXISTE MAIS ÂNIMO OU ALEGRIA EM NOSSO SERVIÇO, NÃO EXISTE DESCULPA...

É PORQUE TROCAMOS O AMOR A DEUS PELA RELIGIÃO!

— Veja só isso:

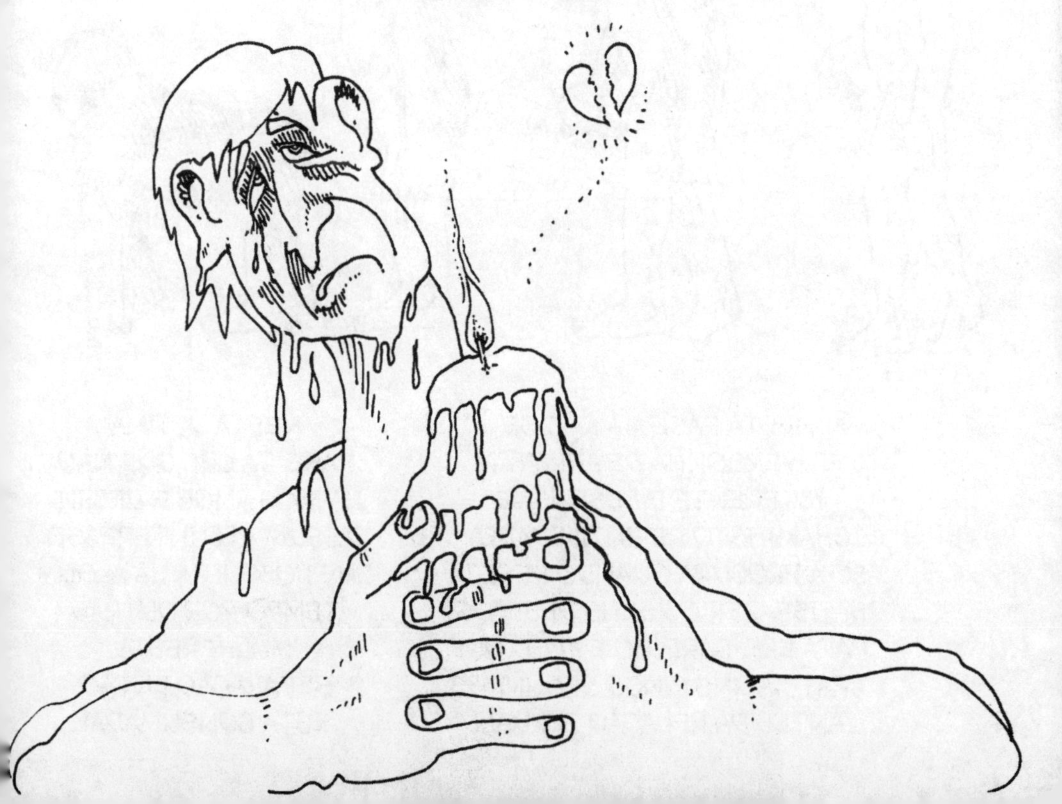

QUADRO DA INVOLUÇÃO DA ESPÉCIE

O MARIDO

COMEÇA BEM E, POUCO A POUCO, PASSA A DEIXAR OS SEUS COMPROMISSOS COM A ESPOSA E OS SUBSTITUI POR PRESENTES E "BAJULAÇÕES" CADA VEZ MENOS CRIATIVAS.

DEPOIS, COM O TEMPO, OS GESTOS CARINHOSOS VÃO SE TORNANDO AGRESSÕES (QUANDO SE DISPÕE A "DIALOGAR" COM A ESPOSA). JÁ NÃO SE IMPORTA COM AS ATITUDES DELAS E MENOS AINDA COM A SUA PRÓPRIA APARÊNCIA!

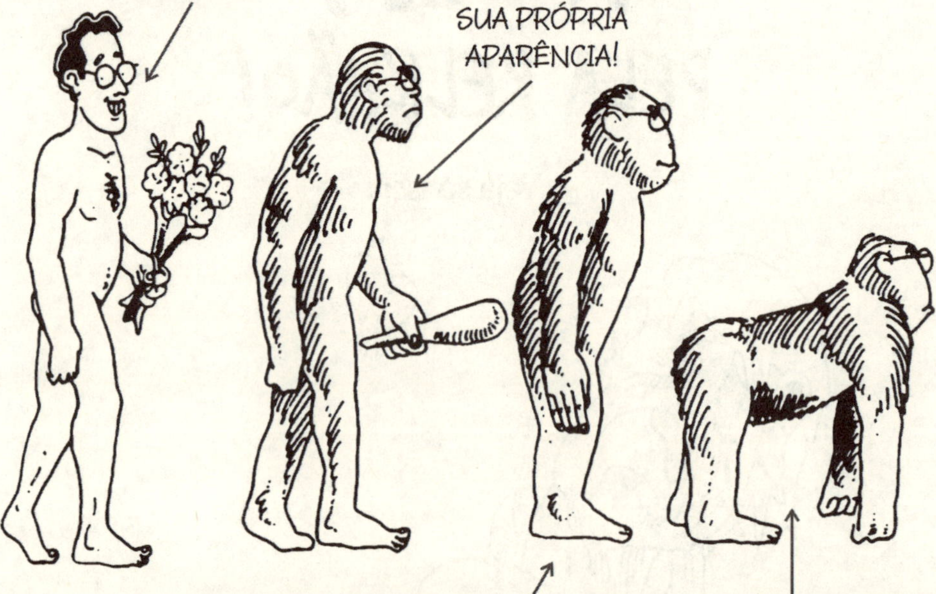

NESTA FASE, JÁ NÃO SE ENVERGONHA DE ARROTAR NA FRENTE DA ESPOSA E CHAMA ISTO DE "INTIMIDADE". SÓ A PROCURA QUANDO DESEJA SATISFAZER OS SEUS DESEJOS. PARA ELE, CARINHO É ALGO QUE PRATICA UNS CINCO SEGUNDOS ANTES DA RELAÇÃO SEXUAL!

NESTA ÚLTIMA FASE, JÁ CRÊ QUE NÃO HÁ MAIS AMOR E DECIDE "ASSUMIR" O INTERESSE QUE POSSUI JÁ HÁ ALGUM TEMPO POR OUTRAS MULHERES. A SEPARAÇÃO ENTÃO ESTÁ CONSUMADA!

QUADRO DA INVOLUÇÃO DA ESPÉCIE

O CRISTÃO

APESAR DO BOM COMEÇO, RAPIDAMENTE COMEÇA A "RACIONALIZAR" A RELAÇÃO COM DEUS. NÃO SE CUIDA MAIS PARA ESTAR DIANTE DO ETERNO, JÁ NÃO TEM TANTA VONTADE DE SE REUNIR COM OUTROS CRISTÃOS E AS NECESSIDADES DO OUTRO JÁ NÃO LHE DIZ RESPEITO.

JÁ NÃO DÁ TANTO VALOR À LEITURA DA PALAVRA DE DEUS (A NÃO SER QUANDO VAI À IGREJA). PREFERE GASTAR O SEU TEMPO E RECURSOS PARA SI MESMO E É CADA DIA MAIS CENTRADO EM SI. A DOR DO PRÓXIMO JÁ NÃO O INCOMODA. ACABA POR CRER QUE O PAPEL DE DEUS É SATISFAZER AS SUAS VONTADES. TEM UMA VIDA NO MEIO DOS CRISTÃOS E UMA OUTRA NA SOCIEDADE.

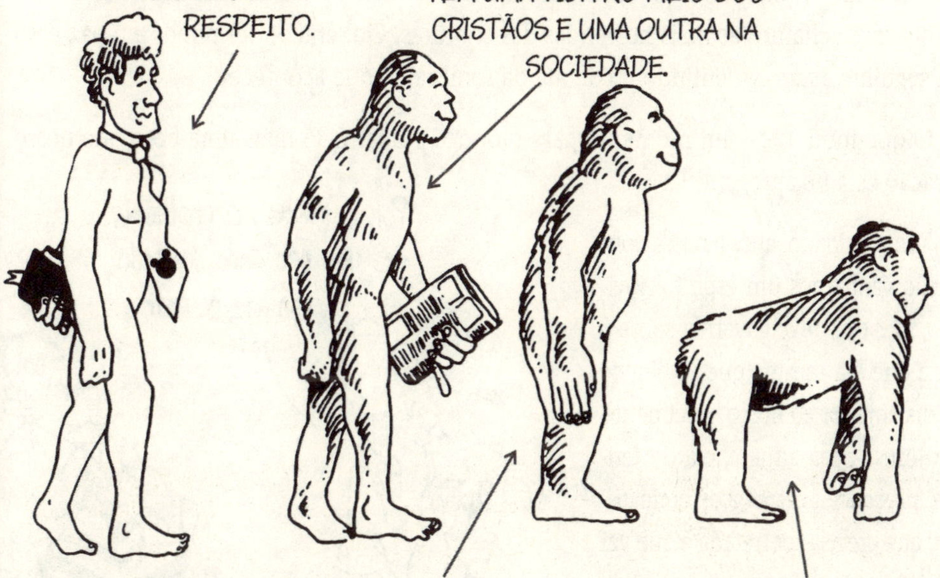

AGORA, JÁ PROCURA POR DEUS SÓ NA HORA DO "APERTO", MAS ESQUECE-SE LOGO DA "AJUDA". TUDO O QUE TEM A CONTAR SOBRE DEUS, ACONTECEU OU NO PASSADO OU NA VIDA DOS OUTROS. SENTE SAUDADE DA "VELHA VIDA" E ACHA QUE DO "OUTRO LADO" NÃO HAVIA ASSIM TANTA LUTA. NÃO AFIRMA, MAS VIVE COMO SE DEUS FOSSE SURDO, CEGO E MUDO...

PASSA A DESCRER DE TUDO O QUE APRENDEU DE DEUS, DESCONFIA DOS OUTROS E, NÃO SABE PORQUE, NADA NA SUA VIDA FAZ SENTIDO, NEM PORQUE TEM SOFRIDO TANTO E JÁ NÃO TEM TEMOR DE CULPAR A DEUS. ACHA QUE NO FUNDO, SEUS AMIGOS INCRÉDULOS É QUE TÊM RAZÃO...

AQUI VAI O SEGUNDO GRANDE PERIGO...

NÃO CONFIE NO SEU CORAÇÃO!

Não embarque neste barco furado, nem dependa desta estrutura frágil e corrompida e corruptível, que é a nossa alma, nome que a Bíblia dá ao coração, aos sentimentos ou à razão!

Essa é a bússola mais maluca do universo!

Você já percebeu como somos enganados pelo nosso coração?

Dormimos numa noite nos achando as pessoas mais lindas do mundo e, no dia seguinte, nos achamos as mais horrendas das criaturas. Ou, então, dormimos em paz e no dia seguinte estamos sentindo medo até da sombra. O que aconteceu?

O que mudou de um momento para o outro? Nada. É só mais uma peça que nosso coração está nos pregando...

Tome cuidado: após a nossa conversão ganhamos um espírito novinho, mas que deve governar sobre a alma que é a mesma que tínhamos no dia anterior ao nosso nascimento em Jesus. Uma alma cheia de feridas, preconceitos, mágoas e cicatrizes, que precisa ser tratada e que vai sendo curada e governada à medida que está sendo exposta à ação da Palavra e ao Espírito de Deus.

Mas, a despeito disso, tem muito cristão que vive tentando conciliar a vida espiritual com a voz do próprio coração, seguindo apenas os sentimentos...

... e também não sinto-me bem com relação à história de abrir a minha casa,...
" "
de ser hospitaleiro...
entende Pastor? Não adianta me forçar,... na verdade não sinto que devo pedir perdão à minha mãe
... e também não estou sentindo que devo ir à casa daquele meu vizinho para ajudá-lo!
É... a coisa é daqui de dentro!
Eu não sinto mesmo.
Não sinto!
NÃO S-I-N-T-O!

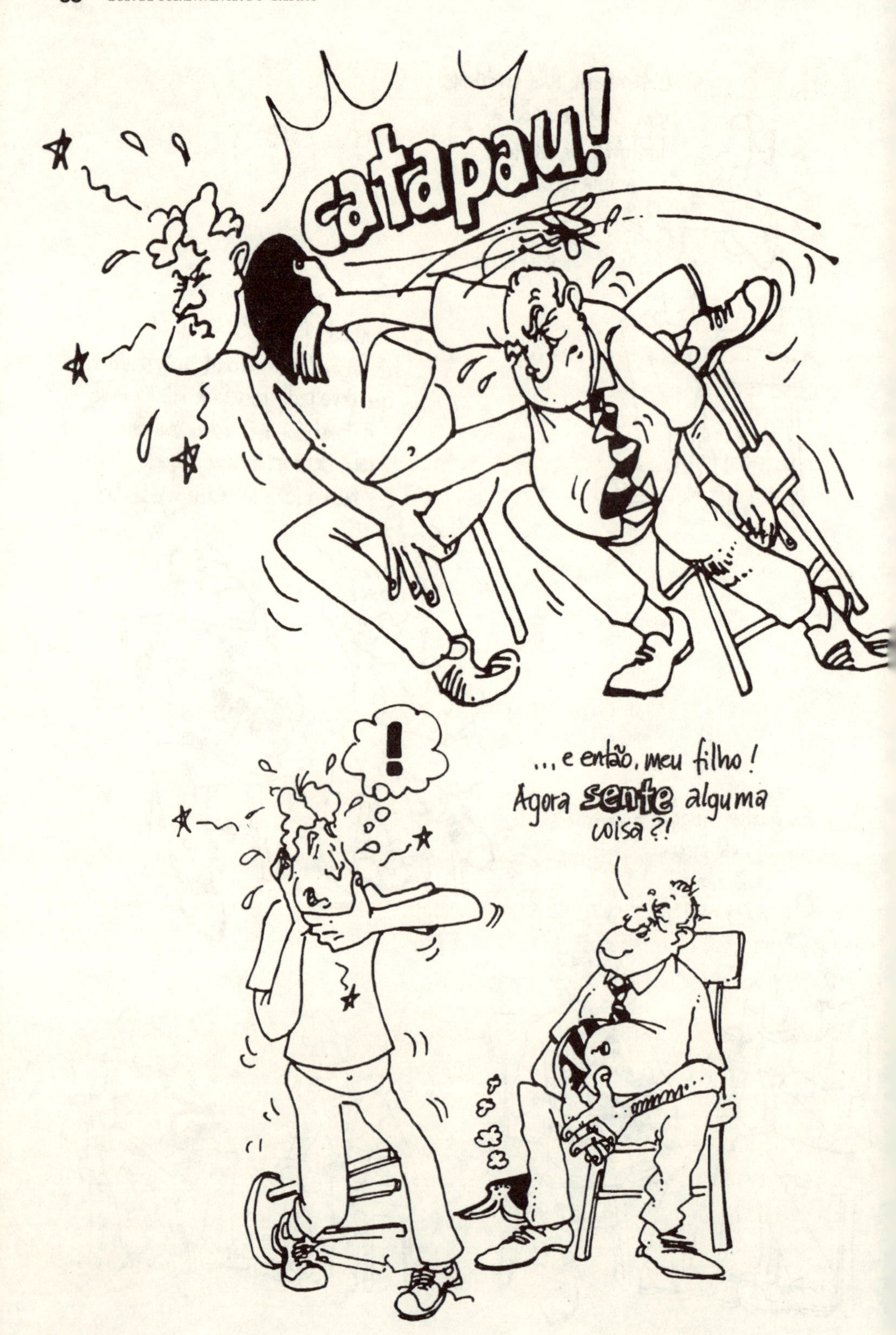
catapau!
!
... e então, meu filho!
Agora sente alguma coisa?!

TALVEZ POR ISSO É QUE HÁ TANTA FALTA DE EDUCAÇÃO ENTRE OS CRISTÃOS!

O problema é justamente este: falta de educação! Tem muita comunidade sofrendo porque os que se dizem cristãos não se submetem à educação do reino.

O problema não é falta de caráter, pois a Palavra diz que "quem não tem o caráter de Cristo esse tal não é dele"(1Co 2:16 e Rm 8:9). Também não é por falta de santidade, porque está escrito que "fostes santificados (separados, destinados,...)... pelo Espírito do nosso Deus" (1Co 6:11). Tampouco podemos dizer que é por causa da nossa ignorância e por falta de direção, porque entendemos que Deus diz que "se somos filhos, somos então guiados pelo Espírito"(Rm 8:14), ou seja, não estamos mais dependentes de nós mesmos. E o problema também não é por falta de força, como se algo pudesse ser maior do que a nossa vontade, porque também está escrito que "o pecado não terá mais domínio sobre vós"(Rm 6:14).

O nosso problema é causado por estrita falta de educação! Isso ocorre porque não há a disciplina de buscarmos a transformação de nossa mente, como Paulo nos recomenda em Romanos 12:1,2. Ora essa não é mais uma tarefa de Deus, mas nossa, do cristão.

Se nascemos de novo e nos tornamos cidadãos do reino de Deus, precisamos nos submeter ao modo de vida do reino. É por isso que a Palavra de Deus tem a nos dizer utilizando várias vezes expressões como: "considerai-vos", "transformai-vos", "renovai-vos", "educai-vos", "se antes fazias assim... agora fazei assim"...

Infelizmente, hoje em alguns lugares "líder ungido" é o nome que se dá ao fulano intolerante, impiedoso e o mais afastado possível das pessoas (a não ser com muito poucos, que privam da sua intimidade...). Falta de educação já virou sinônimo de... "personalidade forte".

Saibamos isso: além de "comer com a boca fechada", de "não interromper os outros quando estes estão falando", também é nosso dever, "cumprimentar as pessoas"; "sorrir para os outros"; "resolver as nossas 'dores-de-cotovelo' de maneira cordial e amável para com todos"; "lembrar-se de devolver o que tomou emprestado"; "oferecer sempre o melhor lugar e o maior bife"; não esquecer de conjugar sempre o "sim-por-favor"e o "não-obrigado"; abraçar; oferecer ajuda quando pedirem ou não... e por aí afora.

Nós podemos. Nós devemos. E o mais é apenas coreografia religiosa, espiritualidade egoísta e para consumo próprio.

Ô DEEEEUSSSS!
AMARRA ESSES DEMÔNIOS
DA PREGUIÇA, DA IRA,
DO NERVOSISMO, DA IMPACIÊNCIA,
DA BRUTALIDADE, DA DEVASSIDÃO,
QUE INFLUENCIAM E DOMINAM
A MINHA VIDA!!!...

E VOCÊ, MEU FILHO,
QUEM É QUE AMARRA?!...

O REMÉDIO PARA O ESPÍRITO RELIGIOSO E O GOVERNO DE NOSSA ALMA É UM SÓ:

QUE-BRAN-TA-MEN-TO!

Certa vez, uma senhora de uma igreja que pastoreava, procurou-me aflita dizendo: "Rubinho, você sempre diz que é preciso quebrantamento na presença de Deus, mas como faço para me quebrantar se não estou sentindo nada, nenhuma emoção, nada?

Naquele dia, sabendo que ela tinha problemas no seu relacionamento com Deus e com os irmãos, aconselhei-a com amor e cuidado, para que começasse por aí: confessando a sua insensibilidade (o pecado faz isso em nós – como a lepra, de acordo com a Bíblia!) Então, de confissão em confissão, aquela mulher caiu em pranto convulsivo logo após alguns instantes, diante de "coisinhas" que Deus foi arrancando das profundezas da alma. Não é preciso dizer que foi notória a transformação naquela vida após aquela experiência. E ela própria assumiu que aprendeu muito.

Tenhamos coragem! Coloquemo-nos sempre na presença de Deus e peçamos-lhe, como fez Davi: "Sonda-me, ó Deus, e conhece o meu coração; prova-me e conhece os meus pensamentos. Vê se há em mim algum caminho mau, e guia-me pelo caminho eterno"(SL 139:23,24). Lembremo-nos de onde e quando caímos, arrependamo-nos e peçamos-lhe que nos lave pelo sangue do Cordeiro! (Ap 2:5)

Ah, e não nos esqueçamos de voltar à prática das primeiras obras. Lembremo-nos que o problema de Pedro ao andar sobre as águas não foram os seus primeiros passos, e sim os últimos! "*Melhor é o fim das coisas do que o princípio delas*" (Eclesiastes 7.8).

Busquemos um coração quebrantado, humilde e servil na companhia doce do Pai, voltando a fazer o que fazíamos no começo da nossa vida com ele: as orações, a prontidão em servir, o zelo na leitura bíblica...

E isso serve também para quem deseja "fogo" no seu casamento: voltar a fazer o que fazia no tempo do namoro...

ESTE É O SEGREDO PARA SE VOLTAR A UM RELACIONAMENTO VIVO!

AGORA SIM,

PARA MANTER VIVA A SUA RELAÇÃO COM DEUS, PRESTE ATENÇÃO A ESTES CONSELHOS!

Já que chegou até aqui, no mínimo, é bom recebê-los!

N
O
L
S

1

TENHA COMUNHÃO COM A PALAVRA!

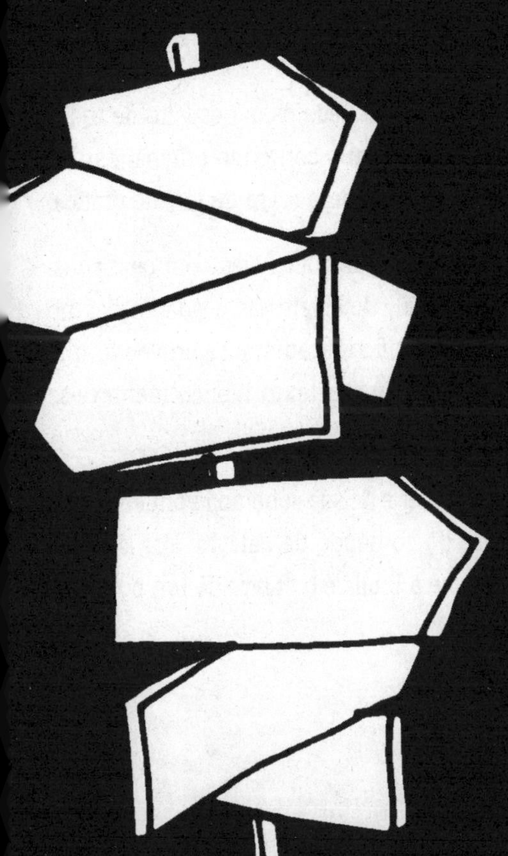

**Nunca se afaste da Bíblia,
a Palavra de Deus!**

"Respondeu Jesus: Está escrito:
Não só de pão vive o homem,
Mas de toda a palavra que sai
Da boca de Deus" (Mt 4:4)

E O QUE É A BÍBLIA?

A Bíblia na realidade não é um livro, mas um conjunto de 66 livros divididos entre o Antigo e Novo Testamento. Ela foi escrita num período que vai de 1400 a.C. a cerca de 90 d.C.

Até o século XV, antes de Gutenberg ter inventado a imprensa em meados de 1400, os livros eram copiados à mão, no que foi chamado de "oficina de copistas".

O mesmo aconteceu com a Bíblia. Na época, sob uma ótica própria do tempo em que vivia a cristandade, e onde a igreja Romana, hegemônica no Ocidente, era responsável exclusiva pelas cópias e distribuição de livros e ideias. Mesmo que seja plausível supor-se que a Igreja fora tentada a modificar os originais que tinha em mãos (suprimindo, adicionando, etc), posto que aprovava e privilegiava práticas tais como torturas, assassínios entre outras tantas coisas condenáveis do ponto de vista cristão (explicitamente encontradas e recomendadas naquele livro) – e pior: em nome de Deus – ela não o fez. E por quê?

Creio com convicção que Deus a impediu. Através dos séculos, a despeito de todos os acidentes e da má intenção dos homens, Deus preservou o conteúdo original das Escrituras para que tivéssemos acesso ao que ele nos deixou como regra de fé e de prática.

Neste campo, podemos estar certos por meio de comparações feitas com os manuscritos mais antigos (alguns descobertos recentemente), de releituras e adaptações no árduo trabalho de tradução sob o ponto de vista científico, acadêmico, provando que ao longo de séculos, salvo aspectos de importância menor, o texto bíblico manteve-se rigorosamente o mesmo!

Tudo o que se pode conhecer de Deus, de seu caráter e de sua soberana vontade, pode ser encontrado explicitamente ou pode deduzir-se do conteúdo da Palavra. Por isso que os cristãos, são conhecidos como o "povo do Livro" e a Bíblia é o "Livro de um povo".

A BÍBLIA TAMBÉM É A FONTE DE SEGURANÇA CONTRA AS IDEIAS HUMANAS

Sem dúvida nenhuma, a Bíblia é o maior remédio contra uma vida "religiosa".

Deve ser por isso que todas as vezes em que os cristãos mais se envolveram em enrascadas e erraram, foi precisamente quando deixaram de lado as Escrituras (ou proibindo o acesso dos fiéis ou ignorando-a deliberadamente).

Para cada absurdo feito em nome de Deus, existem dezenas de textos bíblicos que os condenam.

Sem considerar a Bíblia, já torturaram, mataram, estupraram, proibiram o casamento, venderam as bênçãos de Deus, retiveram a graça e o perdão do Senhor para com os humildes e pequenos, separaram irmãos e amigos, dividiram famílias, oprimiram fiéis, divulgaram o que Deus nunca disse como se fosse verdade, entre outros crimes.

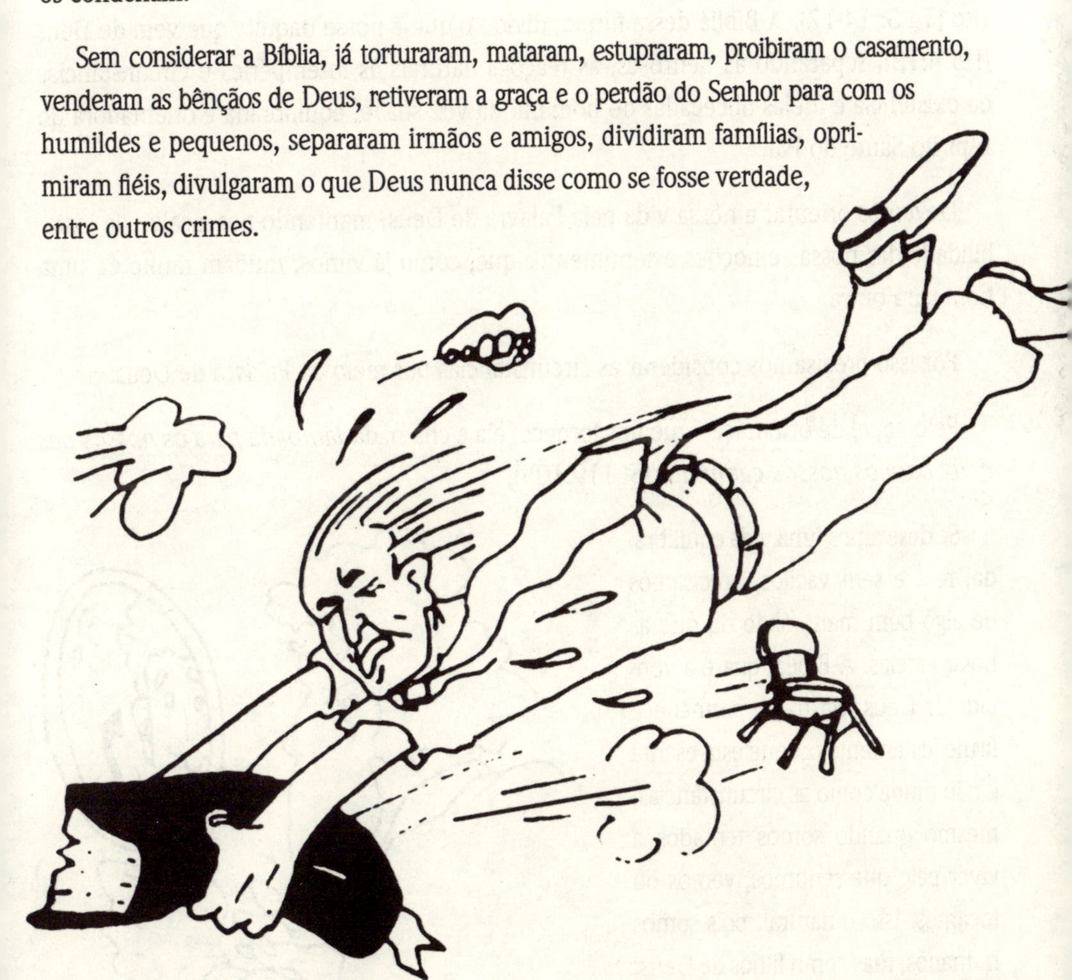

A PALAVRA FAZ A DISTINÇÃO ENTRE AS MALUQUICES DO CORAÇÃO HUMANO E AS COISAS DE DEUS!

Ela também nos dá a possibilidade de vermos claramente, separando o que é intenção da alma do homem - que provém de um coração enganoso - da vontade pura, perfeita e segura de Deus. Por isso ela é chamada de "espada de dois gumes", porque divide o que é mera "sabedoria humana"(animal, terrena e demoníaca) daquilo que é sabedoria do alto (Tg 3: 14-17). A Bíblia dessa forma, divide o que é nosso daquilo que vem de Deus (Hb 4:12), separando as neuroses, as reações naturais às intempéries e circunstâncias da existência e ideias obcecadas do homem, da voz suave, equilibrada e orientadora do Espírito Santo do Pai.

Devemos orientar a nossa vida pela Palavra de Deus, mantendo-nos a salvo da instabilidade das nossas emoções e sentimentos que, como já vimos, mudam muito de uma hora para outra.

Por isso precisamos considerar as circunstâncias por meio da Palavra de Deus.

Pelo papel de orientação que nos fornece, ela é chamada *lâmpada para os nossos pés e luz para os nossos caminhos* (Sl 119:105).

Se desejamos uma vida equilibrada, reta e sem vacilos, precisamos de algo bem mais sólido do que as nossas ideias. A Bíblia, que é a vontade de Deus registrada, permanece firme justamente porque está escrita e não muda como as circunstâncias, mesmo quando somos tentados a viver pelo que sentimos, vemos ou tocamos. Isso é natural, pois somos humanos, mas como filhos de Deus,

devemos entender que agora podemos viver sobrenaturalmente e isto é algo bem para além do extraordinário, é vivermos podendo viver a superação da normalidade e fraqueza humanas. Viver como filhos de Deus nos permite ir além e isto só é permitido àquele que é morada de Deus e crê no Seu e crê no Seu poder e não no nosso.

Ah! E grave isso no seu coração: precisamos mudar um paradigma terrível que domina a cultura e até o nosso coração a respeito do que significa pecado. Ouvimos e repetimos que parece-nos que o Eterno é o maior "estraga-prazeres", "catalogando" como pecado o que é gostoso e bom. Chegamos a fazer coro com a afirmação "tudo o que é bom e gostoso, ou engorda ou é pecado!". Ora, pelas escrituras, entendemos que tudo aquilo que chama de pecado, o é, antes de tudo, algo que não é bom para nós. E, neste ponto, nosso entendimento se confunde porque confundimos bom com agradável, dois conceitos completamente diferentes. Uma coisa pode ser agradável – como uma sensação produzida pelas drogas, por exemplo. Ninguém há que seja viciado em choque elétrico de 220v. As drogas atraem tanto e dão lucro porque são apenas gostosas de se usar, mas nunca poderão ser consideradas boas. Uma injeção num lugar sensível do nosso corpo pode não ser coisa agradável ou prazerosa, mas nem por isso, deve ser considerada má, supondo que nos ajudaram num tratamento de saúde. O pecado pode ser agradável – geralmente o é – mas nem por isso, seu efeito ou benefício o será. Se gravarmos isso no coração, já nos teremos ajudado imensamente. O pecado é ruim (nos seus efeitos em nós, na nossa família e na sociedade) e, por isso, Deus o desconsidera como prática e condição aos que desejam viver Sua vontade, sendo chamados como Seu povo.

INSTRUÇÃO A RESPEITO DA VONTADE E DIREÇÃO DO PAI

Você já recebeu alguma herança ou foi incluído em algum testamento? Pois bem, a primeira coisa lógica que alguém faria nestes casos seria desejar imediatamente descobrir TUDO o que deixaram para ele.

Deus, o seu Pai, deixou TUDO o que você precisa para uma vida plena, no seu Testamento (Antigo e Novo). Ou seja, está tudo lá, na Bíblia.

Toda a vontade revelada de Deus para você, está lá. Em sua totalidade ela apresenta a instrução e a direção de seu Pai. Não apenas contém a Palavra de Deus (como afirmam alguns que querem usá-la para justificar as suas aventuras de raciocínio teológico, ou perversão humana, como ela toda é a Palavra de Deus. Nem que seja por exclusão, devemos considerá-la. É um ato de fé, mas cheia de raciocínio lógico. Ou a consideramos toda ou a recusaremos por completo. Não há como nos escudarmos naquilo que nos satisfaz ou se amolda à "cultura contemporânea" ou ao que a sociedade de hoje acha plausível. Se assim fosse, onde estaríamos hoje, caso tivéssemos vivido até hoje segundo as noções de direitos e respeito à dignidade humana da Idade das Trevas ou da Idade Média? Até as leis de higiene e saneamento públicos dadas a Israel no Antigo Testamento, caso fossem observadas, teriam muito provavelmente evitado a peste negra na Europa da Baixa Idade Média (naquela época, os excrementos produzidos pelos moradores eram atirados à rua, mesmo em frente às suas casas, mesmo nas maiores cidades, com todos os possíveis males resultantes disso, fruto da ignorância da época). Já pagamos caro por desprezarmos as Escrituras e ainda hoje, continuam dando asas à preconceitos contra ela e à recusa em considerá-la.

Lembre-se que por meio dela, o Pai pode corrigir, instruir e revelar seu caráter santo, justo e imutável a você (2Tm 3:16, 2Pe 1:20,21).

Revelação do caráter imutável do nosso Pai Celestial!

Ninguém poderia conhecer a Deus, a não ser que o próprio Deus o ajudasse.

Ninguém pode chegar ao conhecimento de Deus por meio de outro homem ou por ideias humanas.

Como o que é simplesmente parte pode chegar ao conhecimento do todo (Ec 3:11)?

Paulo escreveu que *"os homens aprendem sempre mas jamais podem chegar ao conhecimento da verdade"*(2TM 3:7).

Na realidade, tudo o que podemos fazer é apenas especular a respeito da natureza divina, na base do "acho isso" ou "acho aquilo".

A Bíblia é a revelação do caráter de nosso Pai, de sua vontade e de seu plano perfeito para nós.

Como a própria Palavra de Deus nos afirma, só quem conhece as coisas de Deus pode trazê-las a nós (2Co 2:9-11). E a sua obrigação é buscar em suas páginas toda riqueza que ela contém.

MEIO PELO QUAL PODEMOS NOS ENCHER DE FÉ

Também é por meio dela que recebemos fé em nosso coração, pois a fé vem pelo ouvir, e o ouvir pela palavra de Deus (Rm 10:17). Ou seja, quanto mais lemos a Palavra, quanto mais contato temos com ela, mais fé adquirimos. As Escrituras deixam claro que fé não tem a ver com confiança, mais do que, primordialmente, tem a ver com conhecimento. Quanto mais se conhece de Deus, tanto mais, confiamos Nele. Sem revelação, não há fé, somente um desejo ardente, ou força de vontade, em algo do qual não podemos ter certeza que acontecerá ou virá. Sem revelação de Deus e do Seu caráter, que produz fé no fiel, o que temos é ansiedade, falta de paz. Só podemos ter fé em algo que conhecemos, que experimentamos, do contrário, temos só uma expectativa supersticiosa.

Não há medo de violência, ou de algum "ladrão de galinha" que resista a uma leitura do Salmo 91. Não há choramingos do tipo "ninguém-me-ama-ninguém-me-quer" que aguente a um passeio por textos como João 3:16, Jeremias 31:3 e 32:40, só para exemplificar.

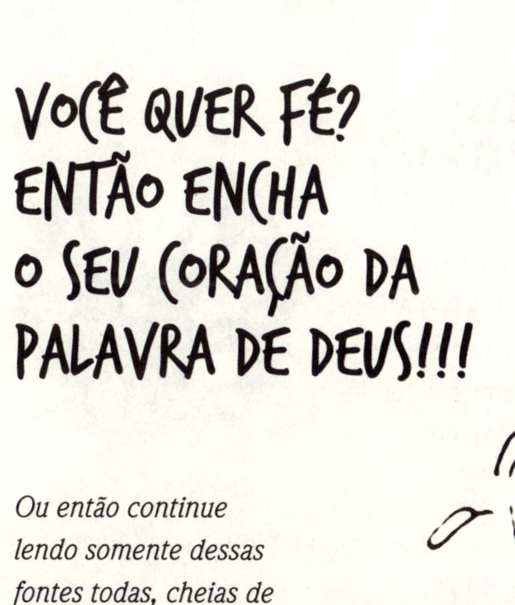

VOCÊ QUER FÉ?
ENTÃO ENCHA
O SEU CORAÇÃO DA
PALAVRA DE DEUS!!!

Ou então continue lendo somente dessas fontes todas, cheias de tragédias, ameaças e desesperança, que tanto mal faz a nossa alma!

É claro que você pode (e deve) ler e examinar muita coisa, ou de tudo, como aliás nos recomenda Paulo (1 Ts 5: 21). No entanto, tem a obrigação de passar tudo pelo crivo da Palavra de Deus.

COMO LER A BÍBLIA:

- Comece pelo Novo Testamento (um bom começo é o Evangelho de João). E não se esqueça: leia o Antigo Testamento tendo Jesus como a chave hermenêutica (ou de interpretação). Se desconsiderarmos o que Jesus nos revelou e mostrou com a sua vida terrena, podemos nos confundir.

- Ore antes da leitura pedindo orientação ao "escritor": o Espírito Santo (Aquele que nos guia a toda a verdade, conforme Jo 14:26).

- Aprenda a conferir o texto sagrado com ele próprio, analisando-o comparativamente com outras passagens. Não se esqueça de examinar o contexto em que uma passagem foi escrita, para sua melhor compreensão (um dos graves erros é não entender que "texto fora de contexto é pretexto").

- Além de entender bem a passagem, discernindo-a em seu contexto ou pano de fundo histórico e que diga respeito aos personagens ali descritos, pergunte a Deus se há algo que quer dizer a você e como pode aprender algo para si, hoje.

**Na Bíblia, chamamos de "versículos" a separação de períodos, frases ou até alguma ideia. Eles estão agrupados em capítulos, que geralmente englobam um assunto (e às vezes até dificultam a compreensão do texto, por separar algo que foi escrito sequencialmente).*

Existem hoje Bíblias próprias para estudo que podem ajudá-lo nesta aventura de descobrir as verdades divinas. No entanto, não leia observações ou notas de rodapé e comentários antes de exercitar a si mesmo, procurando compreender o que Deus quer lhe dizer, pedindo auxílio direto ao "Autor". Lembre-se de que os comentários são opiniões de homens sujeitos a erro!

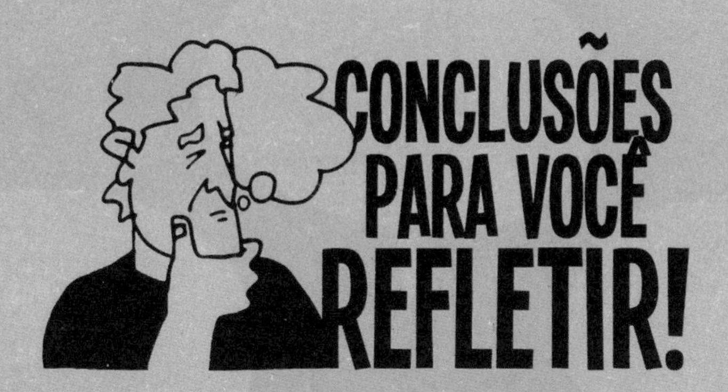
CONCLUSÕES
PARA VOCÊ
REFLETIR!

Nenhum cristão pode se afastar da bíblia. Se você ainda não tem uma, faça de tudo para conseguir um exemplar. Creia no que ela diz, nem que seja por exclusão, uma vez que não há nesta terra livro algum que tenha sido tão atacado e, mesmo assim, faça tanto sentido no que afirma e propõe. Medite nela de dia e de noite. Ela é o seu alimento e a garantia de uma vida frutífera (Salmo 1). crescer no conhecimento de deus é a experiência mais maravilhosa que um ser humano pode experimentar. Assim como um bebê não pode ficar sem o leite materno, você não pode crescer espiritualmente sem a Palavra de Deus!

2

NÃO SE ESCONDA DO SEU PAI!

Cultive uma vida de oração!

"Perto está o Senhor de todos os que o invocam em verdade" (Sl 145:18)

"Clama a mim, e responder-te-ei coisas grandes e ocultas, que não sabes"(Jr 33:3)

Se você já se convenceu de que Deus está mais interessado em relacionamento do que em sacrifícios e obras, este assunto é fundamental para a sua vida.

A oração é o meio pelo qual você se comunica com Deus. Não é um exercício de falar tanto quanto o é de... escutar.

Deus não precisa saber o que está se passando com você, mas deseja ouvir da sua própria boca o que o aflige.

Assim como existem casamentos de fachada, com aqueles casais bem afeiçoados, que posam para fotografias nas colunas ou nas redes sociais (e às vezes até em nosso meio), mas que apesar de toda aquela pose, na escuridão de sua intimidade dormem em quartos separados ou nada têm em comum a não ser a falsidade, Deus está interessado em nos ouvir muito além do que dizemos perto das outras pessoas.

Quando falamos em público, podemos fazer as pessoas se encantarem com as nossas orações cheias de efeitos especiais, raciocínios exuberantes, retóricas rebuscadas ou expressões pirotécnicas. É possível até fazer sucesso com elas, mas o nosso Pai quer muito mais que isso! Ele deseja ouvir a nossa voz, e enxergar-nos intimamente por meio das orações.

Por isso, Jesus preveniu que nos afastássemos daquelas orações que só tem por objetivo impressionar os outros. Ele nos convidou a abrir o coração e tirar as máscaras – e na intimidade do nosso quarto (Mt 6:6)!

Como um casal que não pode provar da plenitude do seu relacionamento se não há intimidade a ser compartilhada um com o outro, assim a Palavra de Deus é clara: a intimidade do Pai é só para àqueles que O temem - aqueles que O levam a sério (Sl 25:14).

Orar não é repetir mecanicamente palavras que não saem do seu íntimo. Tampouco dizer a Deus o que ele ainda não saiba (Mt 6:7,8).

**Oração é isto:
comunicação com Deus!!!**

POR INTERMÉDIO DA ORAÇÃO, CONFESSAMOS OS NOSSOS PECADOS!

Ou então corremos o risco de ver a nossa comunicação cortada como uma conta telefônica não paga!

Você não pode deixar nada que desagrada a Deus e ofenda a sua presença santa e limpa se alojar em seu coração.

Tome cuidado! Quando a voz divina já não se faz ouvir, quando percebemos a nossa distância, é porque algo precisa ser consertado. Como numa amizade, em que percebemos uma distância – ainda pior que a física – se instalar entre duas pessoas. E nada pode ser mais angustiante, nada mais doloroso, que estarmos perto e não sermos mais próximos... Por isso, creio que a maior distância que Deus impôs ao homem foi aquela no templo, antes de Cristo ter pago o preço pela nossa inimizade, na cruz, quando o homem podia estar bem perto fisicamente do Altíssimo, mas estava separado pela espessura de um... véu. Podia-se perceber a Sua presença, mas não havia intimidade. Imagine: um véu apenas, aquele justamente que foi rasgado pela obediência até a morte do Cordeiro de Deus, Jesus, uma morte que nos permitiu, de novo, livre acesso à presença do Eterno, nosso Pai (Mt 27:50, 51; Hb 10:19,20).

Não faça rodeios quando orar!

Seja específico ao falar com Deus. Peça-lhe perdão, confessando os seus pecados. E essa não é hora para desculpar-se ou apresentar justificativas. Lembre-se de que Jesus já foi morto por esses deslizes! Eles já foram pagos como uma dívida saldada. Confesse e receba o seu perdão!

Ah! E não se fala mais nisso! Quando Deus perdoa, ele de fato esquece e não podemos ficar remoendo o passado. O diabo é que é o mestre em acusar, portanto, bastam as suas setas satânicas.

Por meio da oração também confessamos nossa dependência e total submissão a Deus. Ao confessarmos diariamente as nossas necessidades, pedindo a Deus que nos providencie o suprimento, estamos declarando diante do mundo (e do inferno, dos demônios e do próprio diabo) que pertencemos a Deus e que confiamos inteiramente a nossa vida ao Pai do céu.

É POR INTERMÉDIO DA ORAÇÃO QUE INTERCEDEMOS PELOS OUTROS.

É também por meio de nossa oração que Deus retarda a sua ira de vir sobre a iniquidade de nossa cidade e nossa nação. Quando a igreja ora, Deus abençoa toda uma cidade, todo um país. Quando oramos, Deus ouve a nossa intercessão pelos pecadores e os abençoa (Tg 5:13-18). Aliás, foi por isso que o Senhor nos comissionou com "um reino de sacerdotes"(1Pe 2:9) e o papel de um sacerdote é interceder em favor dos outros.

PELO JEJUM E PELA ORAÇÃO EXERCITAMO-NOS ESPIRITUALMENTE!

O jejum (privação de alimentos e de outras atividades rotineiras) é uma disciplina cristã e prática muito importante, diretamente ligada à oração.

É por meio dele que nos exercitamos para ouvir mais claramente a voz de Deus. Para discernirmos entre os "barulhos e ruídos" naturais da nossa alma e da nossa "correria", a direção e a instrução sobrenatural do Pai. Por essa privação do que nos é mais básico, assumimos "na carne" o nosso compromisso primeiro (antes de tudo o que nos é necessário) com o Reino de Deus, dirigindo toda a nossa atenção a ouvirmos ao Senhor.

Mas cuidado...

Jejum sem propósito é dieta para emagrecer.

Jejum para conseguir algo de Deus é greve de fome!

Jejum para ouvir a Deus, é privar a sua vontade do que é ordinário para provar o que é extraordinário!

O GUIA DE SOBREVIVÊNCIA DO CRISTÃO ADVERTE: JEJUAR FAZ BEM À SAÚDE ESPIRITUAL! MAS CONSULTE O SEU MÉDICO OU ALGUÉM MADURO ANTES DE PRATICÁ-LO!

Ela é mansa e suave e nos lembra de tudo o que está escrito para a nossa direção, correção e alento (Jo 14:26).

Falar com Deus é muito mais do quenrezar, repetir palavras vazias, como aliás afirmou Rubem Alves: "Rezar não é a mesma coisa que orar. Reza é falatório para não ouvir. Orar é abrir vazios de silêncio".

Ouvir a voz de Deus é o segredo dos testemunhos de vida dos grandes, dos que antes se fizeram pequenos na presença daquele de quem não se pode ocultar nada...

É nessas horas que a Palavra de Deus é explicada e, muitas vezes, aplicada em cada situação de nossa vida. Jesus fez isso com os discípulos várias vezes: retirava-se com eles e lhes explicava tudinho o que havia dito para a multidão (Mc 4:34; Lc 12:1).

POR MEIO DA ORAÇÃO LOUVAMOS E ADORAMOS AO NOSSO SENHOR.

Louvar a Deus é elogiá-lo. É reconhece-Lo, atribuindo a Ele o que nos tem feito de bom, retirando a glória que naturalmente seria creditada às circunstâncias ou até para nós mesmos – nossa capacidade, inteligência e virtude próprias – e conferindo-as a Ele.

Quando louvamos ao Senhor, declaramos que estamos reconhecidos, gratos e confiantes Nele, que nos salva, nos cura e nos faz felizes!

A ORAÇÃO ABRE PORTAS E DERRUBA MURALHAS.

A oração também nos proporciona a possibilidade de abrir portas que naturalmente estariam longe de nosso alcance (1Ts 5:17,18; Tg 5:14-16; 1Tm 2:8), numa santa conspiração do/com o Espírito Santo.

Com ele, subvertemos a ordem fatidicamente pré-estabelecida contra nós neste mundo cheio de injustiça e perversidade. Por meio dela, podemos dizer: "venha a nós o Teu reino, faça-se a Tua vontade", chamando a bênção de Deus para este mundo.

Certa vez, quando servi como missionário no Reino Unido, li num museu em Edimburgo, o que a rainha da Escócia disse séculos atrás sobre a vida de oração de John Knox, um dos heróis da Reforma e cristão fiel: "Temo mais as suas orações do que todos os exércitos da Inglaterra".

É possível? Já pensou na grandeza desse poder?

Deus não rejeita nem ignora a voz e o clamor de seu povo (1Jo 3:22).

Quando um cristão ora, Deus de fato intervém (2Cr 7:14) mais cedo ou mais tarde. Por isso, não deixe de cultivar esse hábito essencial. Aquilo que for para o nosso bem, para a nossa edificação, para que o nosso gozo se cumpra, para promover a paz, para que a verdade seja manifesta e para trazer honra para o próprio Senhor, ou seja, o que for da vontade do Pai, ele vai fazer. Pode não nos atender como um pai que recusa dar o que for mal para o seu filho que ama, mas certamente fará, de fato, o que Ele saber ser o melhor.

E não acha que pode dobrar a Deus com a sua insistência e teimosia! Temor faz bem, sobretudo a nós próprios. No Salmo 106:12-15, a Palavra afirma que por não aguardarem pelo conselho do Senhor, pediram-Lhe, e Ele os concedeu, mas "fez definhar a alma", ou seja, pediram tanto sem considerar a vontade do Soberano que acabaram por receber o que queriam, mas isso serviu para lhes amargar o coração. Não caia nesta tentação que muitos experimentam!

AS PROMESSAS DE DEUS SÃO BOAS ORAÇÕES!

...Tomai também o capacete da salvação, e a espada do Espírito, que é a palavra de Deus (Ef 6:17)

Quando orar, faça-o com a certeza que reside nas promessas da Palavra de Deus!

Lembre-se que pode bem usar as palavras dos Salmos, que foram orações, canções e expressões de amor e devoção de gente que andou com Deus! Além do mais, nossa ansiedade, fundada em nossos temores, têm sempre de buscar respaldo nas promessas ou então corremos o risco de pedir o que sabemos, Ele não nos dará. Podemos correr o risco de encher o nosso coração de expectativas de coisas que explicitamente Deus determinou que não seriam apropriadas para nós os seus filhos, o que, antes de tudo, não nos farão bem algum.

Se há promessas – e elas existem suficientemente nas escrituras – então deixemos que elas mesmas sejam o aval para as respostas às nossas dúvidas e ansiedades próprias da nossa vida desafiadora dos nossos dias!

Mas atenção: não se posicione como quem vai estar diante de alguém distante, a quem nos dirigimos cheios de pompa e timidez; mas até mesmo baseados nas promessas de Deus, podemos fazê-lo como quem vai ao colo do próprio Pai, que nos conhece a fundo, que sabe do que nos sobrevêm, daquilo que nos angustia. Mas também, é Aquele que deseja ouvir pela nossa boca tudo o que pode estar nos afligindo.

É bom também nos lembrarmos da Palavra de Deus, de suas promessas e feitos (que enchem o nosso coração de "ações de graça"), em vez de enchermos a nossa boca com lamentações dignas de gente sem esperança. A oração é uma arma poderosa do Espírito em sua vida (uma espada é isso – arma!).

Davi tanto sabia disso, que em várias situações em seus salmos (que são orações cantadas) ele começa falando com Deus e, de repente, nos surpreende falando consigo mesmo na primeira pessoa, lembrando a si próprio sobre o caráter do Pai, sobre tudo que Ele fez e prometeu fazer. Você pode fazer como fez o rei-salmista, no livro de Salmos, orando (e confrontando os seus sentimentos) com a Palavra de Deus.

Durante muito tempo, nós, cristãos (e sobretudo os pastores), fomos treinados a falar bonito, com voz impostada e tudo (feito locutores de FM do interior...), mas nos esquecemos de profetizar. Profetizar é falar com fé do que não sentimos, não vemos, não tocamos, mas que a Palavra de Deus afirma.

Por isso, em meio aos seus temporais, você pode dizer ao Pai: "Senhor, está difícil, mas eu O louvo porque sei que o Senhor me sustentará, a sua destra me guiará e a Sua misericórdia livrará a minha vida". Confie integralmente nas milhares de promessas feitas pelo Pai. Ele não mente, nem vacila.

Elas são válidas não apenas sobre a sua vida, mas também sobre a vida de outras pessoas, de sua casa, da sua comunidade da fé – a igreja.

Como está escrito: "O Senhor é bom e a sua misericórdia dura para sempre", isto é: por muito além dos temporais e tempos difíceis.

Quando orar, não se esqueça da Palavra de Deus!

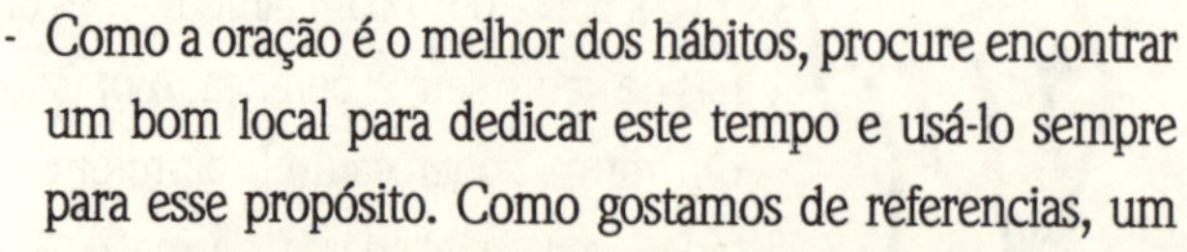

COMO TER UM BOM TEMPO EM ORAÇÃO COM DEUS:

- Como a oração é o melhor dos hábitos, procure encontrar um bom local para dedicar este tempo e usá-lo sempre para esse propósito. Como gostamos de referencias, um lugar determinado pode ser uma ótima ajuda para a nossa disciplina pessoal (como fazia Jesus retirando-se para estar isolado com Deus Pai – Lc 5:16). A coisa funciona como um lugar especial onde gostamos de levar aqueles a quem amamos (marido ou esposa) e que sempre nos traz boas recordações. Muitos cristãos até o batizam como o "quarto de oração", afixam lembretes de nomes e situações pela qual orar, textos bíblicos etc.

- Comece com pouco tempo. Lembre-se da máxima que diz que "toda grande caminhada começa com um pequeno passo". Depois, com o crescer desta "amizade" e com as suas experiências com o Deus que ouve e fala, o tempo parecerá pouco.

- Não se importe com palavras de efeito ou pompas! Já houve vezes sem conta na minha vida, em lutas tremendas, que eu não conseguia sequer falar ou me expressar,... mas insistia em estar na presença do Pai, certo que mesmo – e sobretudo – nessas horas, o Espírito Santo, como prometido, intercedia por mim com "gemidos inexprimíveis"(Rm 8:26).

- Pense em organizar-se, a princípio. Como temos uma mente que precisa ser disciplinada, pode começar por pensar em uma "liturgia" própria:

  - *Comece agradecendo pela salvação, pelo sustento diário, pela vida, pelo dia...*
  - *Confesse os seus pecados, lembrando de mencioná-los pelo nome, com confiança na graça de Jesus, o "vivo e novo caminho até o trono do Pai"; interceda pelos outros (pela família, pelos irmãos e amigos, pelo povo, pelo país, pelos governantes, pelos projetos da igreja e cristãos ao redor do mundo)...*
  - *Lance sobre o Senhor as suas ansiedades*
  - *Dê um tempo para ouvir a Deus*

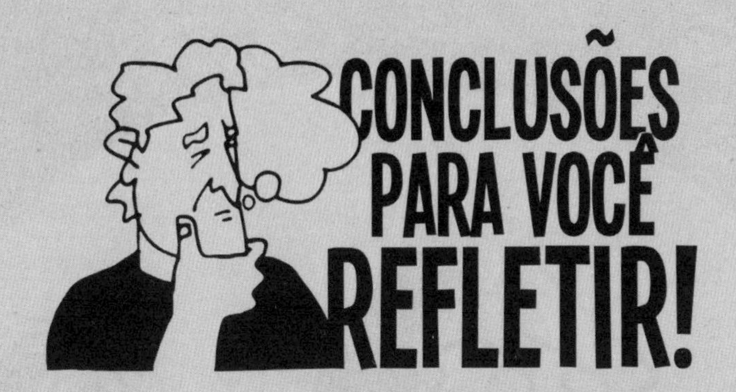
CONCLUSÕES
PARA VOCÊ
REFLETIR!

Um filho verdadeiro não se afasta De seu pai. Antes, expõe-lhe os pensamentos, a alma, compartilha os sonhos e busca conselhos, Ouvindo-o atentamente. Ore deitado, inclinado, de pé, de joelhos, Em voz alta, silenciosamente, de olhos fechados ou abertos, na igreja, na Rua, no trabalho, de maneira inteligível Ou não, em qualquer Tempo, mas ore! Aí está o segredo daquele que é bem-sucedido.

3

FAÇA BRILHAR SUA LUZ

Seja uma testemunha fiel, em atos e em palavras!

"Mas vós sois a geração eleita, o sacerdócio real, a nação santa, o povo adquirido, para que anuncieis as grandezas daquele que vos chamou das trevas para a sua maravilhosa luz" (1Pe 2:9)

Ninguém que tenha ganhado um presente realmente bom consegue ficar calado.

Se você teve um encontro real com Deus, não pode ficar em silêncio. Se cremos verdadeiramente, temos de proclamar isso com a nossa boca e atitudes (Mt 10:32; Rm 10:9; Fp 2:10,11). E isso é bem mais do que uma responsabilidade. É privilégio!

A palavra de Deus afirma que somos cartas vivas. É impossível ficarmos calados. Se o fizermos, Deus pode levantar até pedras para testemunharem ou é capaz de fazer mulas falarem (como, aliás já fez!).

Ser testemunha de Jesus não é apenas compartilharmos o que aconteceu conosco, repartindo a nossa experiência (às vezes, podemos até encontrar alguém que parece ser bem melhor do que fomos). O melhor mesmo é apresentarmos Jesus! Aí, sim, todos ficam indesculpáveis diante dele.

SEJA CLARO NO SEU TESTEMUNHO!

Faça de tudo para contextualizar a mensagem do evangelho. Isso quer dizer traduzi-la para uma linguagem que o povo entenda, sem floreios ou sem usar o dialeto comum na igreja (expressões, palavras e os "chavões"que só nós usamos e que pouco comunicam às pessoas). Lembre-se que Jesus fazia tudo para que a eterna mensagem do evangelho fosse entendida por todos – de simples palestinos aos maiorais do sinédrio ou do governo! Usou para isso elementos da cultura da época e do imaginário da gente simples do lugar. E é assim que devemos fazer – falarmos simples das coisas do alto!

TESTEMUNHAR É APRESENTAR JESUS: ELE É QUEM FAZ TODA A DIFERENÇA!

Testemunhar é mais do que falar do cristianismo (o que todo mundo admira e aplaude). É apresentar Jesus Cristo, que foi crucificado (1Co 1:23, 2:2) e venceu a morte para que tivéssemos vida. Não mostre o Jesus "manso", o "guia", o "amigo-de-fé-e-irmão-camarada". Apesar destas definições sobre Ele parecerem verdadeiras, podem abrigar a superstição conveniente das pessoas. Fale sobre Jesus Cristo, o Filho de Deus que dividiu a história em "antes" e "depois" e é o único caminho para se chegar a Deus.

Watchman Nee, um cristão que pagou caro por testemunhar (ele morreu em 1972 na China, depois de ter passado cerca de duas décadas preso por causa de sua fé), dizia: "mostre ao mundo o cristianismo e ele o aplaudirá, mostre ao mundo Jesus Cristo e ele o perseguirá". Mesmo que não saibam – ou queiram esquecer – as bases morais, do direito e das liberdades individuais – vieram da cultura que cresceu a partir do ensino de Jesus. Mas isso não basta, é preciso que a Sua pessoa seja pregada e exaltada. Ele é o fiador do tipo de vida que todos – indistintamente buscam – e julgam utópica – e ela só pode acontecer na plenitude, tendo Ele mesmo como a Sua sustentadora. Só em Cristo, a paz faz sentido, só Nele, a justiça e a equidade será enfim vivida. Não se estabelece a justiça pelos extremos da balança, no reivindicar dos direitos, fenômeno contemporâneo, como temos assistido. É direito das minorias, direito do negro, do imigrante, do homossexual, direito deste, direito daquele... A justiça tal como aprendemos com

Cristo e pela Sua pregação e vida, é estabelecida desde sempre pela cessão e não pela exigência do direito. E ceder aquilo que julgamos merecer, só acontece num coração disposto a morrer – e essa é, precisamente a tônica do evangelho. E para que consigamos morrer para nós, só com a ajuda do alto, só com o poder do Cristo, o Filho do Homem, Jesus! Ele é, portanto, o fiador do projeto de vida que todos almejamos.

Resumindo, esta ainda é a notícia mais poderosa que existe. Aliás é a única boa notícia que o mundo pode ouvir: Deus já se reconciliou conosco, na cruz de Cristo (2Co 5:18,19)!

A PREGAÇÃO DO EVANGELHO REQUER AMOR!

Este tem de ser o teor da nossa pregação, este deve ser o nosso ministério (serviço): o ministério da RE-CON-CI-LI-A-ÇÃO.

Não devemos pregar a culpa, nem a condenação, mas o perdão e a graça de Deus. É preciso dizer a todos que Deus, por meio de Jesus, não está mais "brigado", de relações cortadas conosco! Ao proclamarmos isso, devemos saber que o "combustível" da pregação do evangelho é o amor.

Há alguns anos, uma colega de departamento na universidade em que lecionei por quase duas décadas me deixou chocado com uma afirmação: ela me disse: "O seu povo, Rubinho, é o povo mais interesseiro da face da terra". E emendou: "quando os cristãos querem nos fazer membros da sua igreja, mostram-se dispostos a andar conosco, se interessam pelos nossos problemas, demonstram chorar as nossas dores... Contudo, ao primeiro sinal de resistência da nossa parte, estão prontos a nos abandonar e nunca mais querem saber de nós!".

Não é preciso dizer que chorei pensando nisso (e ainda penso), imaginando que ela não estava totalmente equivocada.

Por isso, acredito que pregar Jesus Cristo sem amor é como beijar com mau hálito: afasta na medida em que nos aproximamos!

EVANGELHO EM GREGO, QUER DIZER: "BOA NOTÍCIA"...

Jesus afirmou que quando Ele fosse levantado, atrairia outros a si mesmo (Jo 12:32). Para mim, essa é mais do que uma referência à sua morte no madeiro, mas pode ser também uma recomendação a colocá-Lo em evidência nas nossas conversas e pregações, e não os nossos pontos de vista, preferências, práticas, usos e costumes denominacionais. Jesus é o que é, dispensando-se o uso de aditivos, floreios ou cosméticos.

Para levar alguém a Ele, basta apresentá-Lo (1Co2:1-5).

NÃO CONSEGUE VIVER EM PAZ CONSIGO MESMO, NEM COM OS OUTROS, MUITO MENOS COM DEUS...

É UM CÍNICO, UM FILHO DA DESOBEDIÊNCIA, UM PERVERTIDO, CARNAL, AMIGO DE SATANÁS E JÁ VIVE NO INFERNO!!!

ALGUMA PERGUNTA?

SERÁ QUE DAVA PRA NÃO ME CONTAR A MÁ NOTÍCIA?

SER UMA TESTEMUNHA REQUER CONHECIMENTO E VIDA COM DEUS.

A convicção íntima de quem experimentou o evangelho se evidencia mais por meio da vida do que apenas por palavras.

A pregação deve ser acompanhada por uma vida condizente. Lembre-se de que Jesus falava com a autoridade que faltava aos pregadores e religiosos da época (Mc 1:22)!

Testemunhar não é só convidar alguém para ir à igreja. Também não é condenar os outros por fazerem o que é periférico à fé, coisas do tipo: "não faça isto", ou "não faça aquilo"! Tem muita gente que tem uma vida regrada e socialmente aceitável (não é dado a beber, não se droga, não se corrompe,...) e nem por isso experimenta o céu, uma vida de paz consigo mesmo e com Deus, padecendo o inferno da separação do Pai celeste.

Mas, no entanto, testemunhar também é reprovar as obras infrutíferas das trevas e desaprovar a iniquidade (Ef 5:11).

Na Inglaterra cristã, evangélica, do século XIX (apesar do passado recentemente vivido de intervenção e ação positiva na sociedade, por parte da igreja da época), o povo de Deus se calou vergonhosamente diante da existência de crianças, mulheres, idosos e doentes que trabalhavam explorados de uma madrugada a outra como animais. Em plena época do desenvolvimento industrial, Deus teve de levantar uma pedra chamada Karl Marx. Um demônio? Não. Uma pedra para falar o que a igreja, por conveniência, ignorância ou estupidez, não falou.

Por outro lado, recentemente na Romênia, o ministério destemido de um simples pastor do Estado de Timisuara provocou a ira de Ceaucescu, o ditador que dominava aquele povo com mão de ferro. Por pregar contra a miséria e as injustiças contra o seu povo, aquele homem acabou pagando um preço alto por ser integralmente fiel a Deus. Ao ser solto da prisão a que fora condenado e, continuando ele a agir como cristão, recebeu novamente ordem de prisão, o que provocou uma rebelião dos cidadãos da sua região em sua defesa. Quando enfim, o exército foi chamado para conter a população que se levantara, Deus virou o jogo: os próprios soldados postaram-se com os seus canhões ao lado do povão e surpreendentemente viraram-se contra as forças de segurança do governo e em 24 horas o regime tirano de vários anos caiu feito um castelo de cartas. E graças a Deus essa determinação continua existindo entre irmãos na África, na Síria, Iraque e em toda a parte!

Em Uberlândia, um ex-aluno meu, a quem tinha chamado para abrir comigo uma agência de publicidade, entendeu direitinho quando compartilhei com ele a minha condição para podermos andar juntos: seguir os princípios do reino de Deus. Quando atravessávamos uma época de dificuldades, apareceu um jovem empresário do mercado extrator de madeiras no nosso escritório pedindo ao meu sócio uma simples e inofensiva marca, logotipo, essas coisas...

Em meio a entrevista, este meu amigo sacou uma pergunta aparentemente fora do negócio em questão: "Vocês têm alvará ou licença do IBAMA (Secretaria do governo brasileiro para assuntos do meio ambiente)?".

Na maior cara de pau, o cliente falou que a coisa era toda feita na base do "debaixo dos panos" e do suborno. Foi o suficiente. Meu sócio se desculpou e disse que não podíamos ajudá-lo porque isto era contra a flora, a fauna, a preservação das espécies raras, contra os nossos princípios e principalmente, CONTRA A VONTADE DE DEUS!

Não preciso dizer que o cara saiu furioso conosco. Perdemos o cliente, mas anos mais tarde ganhamos um irmão. Hoje os dois – o meu ex-sócio e o tal cliente são cristãos dedicados, pastores e já servimos juntos em missões transculturais, em vários países (e que homens de Deus eles viraram, diga-se de passagem!). Prostituição é prostituição. Valendo um milhão de dólares ou apenas um mísero real. E testemunhar é não aceitar isso!

Infelizmente, o nome de Jesus tem sido envergonhado quando a prédica, a palavra não encontra em nós uma referência indicando que o testemunho excede o discurso. A sociedade vê nossa incoerência de longe. De nada adianta reprovarmos o estilo de vida cada vez mais egocêntrico deste nosso tempo se nós mesmos vivemos assim. E mais: chamamos pessoas à fé para... alimentarem esse seu egoísmo e ganância, apresentando Deus como o fiador dos projetos egocêntricos do povo. De nada adianta pregarmos contra a corrupção, contra o secularismo, o consumismo se nós mesmos somos coniventes ou buscamos isso. Basta assistirmos à pregação que se faz nas TVs, nos rádios...!

Um dia destes fomos surpreendidos na nossa comunidade que, como todo grupo cristão, condena o aborto como solução para o problema – cada vez mais comum – de uma sociedade enferma. Em vez de pregarem, de encherem os ouvidos de uma moça de apenas vinte e dois anos, mãe solteira de um filho e grávida de outro que pretendia abortar, um casal resolveu de pronto aquele drama, tão comum e frequente entre as nossas adolescentes: decidiram levá-la por adoção, aliás, a pobre menina, seu bebê e o outro que espera e que pretendia negar a vir à vida, para a sua própria casa. Simples, não? É assim que se prega, mesmo sem palavras ou discurso. Como aliás o seu Senhor fez. Pregar o evangelho custa, tem seu preço e não há meio-termo.

DEUS QUER QUE VOCÊ SEJA UMA VOZ PROFÉTICA NESTA SOCIEDADE ENFERMA, MAS TENHA CUIDADO COM A DEMAGOGIA DE QUEM FALA MAS NÃO VIVE, COMO MUITOS POLÍTICOS E LÍDERES SEM O MENOR ESCRÚPULO E DE ATUAÇÃO VERGONHOSA.

"E não vos associeis com as obras infrutuosas das trevas, antes, porém, condenai-as" (Ef 5:11).

Já que você teve um encontro com Deus, compartilhe isso com os seus amigos, parentes e com todo o mundo. Não se preocupe se ainda sabe pouco a respeito do seu Pai. O pouco que sabe é o bastante para Deus usar e abençoar as suas palavras.

Deus tem todo o interesse em ajudá-lo a testemunhar (Mt 10: 18-20).

Outra dica: não caia no erro de repudiar as antigas amizades. Se você precisar de um tempo para cortar os laços que o levavam para longe de Deus, dos quais os seus amigos eram parte, aja com sabedoria (como é o caso de gente que quer largar as drogas, a bebida ou outro vício que escraviza e contra os quais a luta não é brincadeira!). Mas tenha cuidado! A religião (lembra-se?) pode fazer você gostar demais de ficar no meio dos irmãos perfumados, bem arrumados e que falam a mesma língua. Isto é bom e agradável, mas não salga nem ilumina. Jesus quer fazer de você (e já determinou isto!) o sal da terra e a luz do mundo (Mt 5:13-16)!

Isso já aconteceu comigo há alguns anos, na cidade de Adamantina, interior de São Paulo. Essa religião que insiste em existir em mim levou-me a me afastar dos meus amigos, a quem amo até hoje, junto dos quais tive uma infância memorável! Na ocasião em que fui "laçado" por Jesus (aos 14 anos), desapareci numa cidade de apenas 30 mil habitantes, fazendo com que muitos deles acreditassem que havia me mudado de lá, a despeito de minha família ser bastante conhecida. Por isso, ainda hoje enfrento barreiras em me aproximar deles, com todo o constrangimento próprio de um "amigo da onça" que os trocou por uma cômoda, agradável e egoísta experiência igrejeira.

COMO SER UMA TESTEMUNHA FIEL:

- A princípio, lembre-se de falar o que sabe. Não tente "ajudar" a Deus, aumentando os fatos ou falando demais. Mas não deixe de compartilhar a experiência que viveu.
- Faça tudo para aprender mais de Deus, possibilitando você a ser mais útil na Sua obra.
- Busque municiar-se de folhetos ou literatura adequada para ajudar os outros a encontrar o Caminho.
- Não se esqueça que a obra de "convencer" é exclusivamente de Deus. Então, não se esqueça de orar diligentemente pelos amigos ou pessoas que deseja ver salvas.
- Não ande só. O ideal é ter companheiros fiéis para lutarem o "bom combate", ajudando-se mutuamente em amor fraternal.
- Ame, ame e ame! Esta é a arma para quem deseja alcançar pessoas e ser instrumento de Deus para a transformação de vidas.

CONCLUSÕES PARA VOCÊ REFLETIR!

Uma testemunha verdadeira nunca pensa em outra coisa a não ser apresentar o seu senhor. Ela age como um embaixador de cristo, com um compromisso integral, 24 horas por dia. Aproveite todas as chances, pedindo a ajuda do espírito de deus para ajudar aos outros, oferecendo-se como porta-voz da única boa notícia que se pode ouvir neste mundo, que deus não está com raiva delas, pois já perdoou-as em cristo jesus!

4

INTEGRE-SE NUMA COMUNIDADE

Viva em comunhão como parte da família de Deus - a igreja!

"Antes, seguindo a verdade em amor, cresçamos em tudo naquele que é o cabeça, Cristo, do qual todo o corpo bem ajustado, e ligado pelo auxílio de todas as juntas, segundo a justa operação de cada parte, faz o seu próprio aumento para edificação de si mesmo em amor".

(Ef 4:15,16)

Você não precisa mais viver só. Aliás, a Bíblia diz que *"aquele que se isola, busca os seus próprios interesses" (Pv 18:1)*. E, como já vimos, quem é cristão não vive mais para si, para os seus próprios interesses, para saciar um saco furado que não se pode preencher. Ele já foi liberto da escravidão de servir-se a si mesmo.

Um dos maiores privilégios que podemos ter de Deus, é o de tornarmo-nos parte do corpo vivo de Cristo Jesus – a sua Igreja.

Não se trata de tornar-se associado de um grupo ou agremiação religiosa, tampouco de mudar de figurino ou de estilo. É bem mais que isso. É fazer parte de Deus, e não simplesmente da turma dele. É ser participante da sua natureza santa, de sua virtude (Jo 15; 1Co 12:12,27) e compartilhar essa vida com outros que tiveram a mesma experiência.

Ser membro do corpo de Cristo é poder conviver e relacionar-se com outros cristãos e experimentar a vida cotidiana do reino. É fazer parte deste imenso organismo espalhado ao redor da Terra, que ama e serve a Jesus Cristo. Também é ser contábil, abrindo o seu coração aos que sofrem as mesmas lutas e padecem as mesmas adversidades dessa aventura que é viver dias maus, do contrário não podemos nos ajudar uns aos outros. Lembre-se, isso não quer dizer que deva abrir a sua vida à manipulação ou à invasão da sua privacidade, que é outra coisa, algo que justamente tem trazido escândalos e afastado pessoas da comunhão genuinamente cristã!

Na comunhão do corpo, há o crescimento, o estímulo e o socorro mútuos (Ef 4:1-16). É o lugar em que Deus envia a sua bênção, onde há vida plena e satisfatória em todos os sentidos e que o tempo ou a circunstância não consegue acabar. É o que Deus chama de "para sempre"(Sl133). Aliás, se você quiser anotar, o endereço de Deus é na... comunhão dos santos!

Ali, você pode viver a intimidade da vida cristã, compartilhando as suas necessidades e fraquezas e contando com a experiência de gente mais madura, além de oferecer a sua própria vida para o auxílio de outros. O nosso chamado ainda consiste em "levar as cargas uns dos outros" (Gl 6:2).

Do alto dos meus anos de vida, confesso já ter cansado de uma questão que ouço nas comunidades cristãs ao redor do mundo: Porque Deus não opera mais milagres como fazia conforme encontramos registrados nas Escrituras?". Fazem este questionamento para provocar mais orações e engajamento pretensamente espiritual na comunidade, creio eu. Mas, na maioria das vezes, esta iniciativa já nasce morta quando o que pretendem é simplesmente atirar às costas de Deus algo que devia ser nosso – a responsabilidade de mitigar a dor e sofrimento humanos. "Suportar uns aos outros", a recomendação bíblica tornou-se um lamentável sentimento de "temos de aguentar" a inconveniente carga de alguém em luta pela saúde, pela sobrevivência num momento de adversidade e não aquele supremo privilégio de podermos ser o "braço e a mão de carne e osso" de Deus no suporte a alguém em luta. Já pedimos – e pedimos mal – para que Deus cure o enfermo para que ele não nos incomode e não por misericórdia e amor ao que sofre.

Creio piamente que o Senhor tem nos dado um tremendo privilégio nesses dias maus, postergando a cura ou o livramento a alguém sofredor para que aprendamos nós a bênção de cooperarmos com a obra de Cristo, socorrendo, amparando, acolhendo, curando as feridas, carregando-o ao colo, dando-lhe banho,... ou até coisa menor: ouvindo as suas dores e lamentos. Às vezes, imagino que a maior cura que Deus pode hoje operar não é levantando o enfermo, mas transformando o coração de toda uma comunidade que é tudo, menos uma comunidade, deixando que alguém sofra sozinho.

É pela atuação da igreja que Deus opera e manifesta a sua glória ao mundo. Por isso, precisamos levar a sério o integrar um grupo com o qual nos sintamos bem, onde a Palavra de Deus é vivida e pregada. Depois, devemos nos batizar, cumprindo a ordem do Pai.

Não se satisfaça com uma comunhão superficial, do tipo que não desce garganta abaixo. A igreja é o lugar em que deve praticar comunhão verdadeira.

"Portanto, confessai os vossos pecados uns aos outros, para serdes curados". (Tg 5:16)

Hoje em dia, há muita gente doente por causa do distanciamento cada vez maior entre as pessoas.

Infelizmente, a igreja que é o lugar ideal para que possamos abrir as nossas entranhas e repartir não somente o que conquistamos ou adquirimos (coisas que o povo sem Deus faz com o pé nas costas, sem esforço algum), tem negligenciado esse privilégio. Como diz um amigo de anos, Ariovaldo Ramos, as igrejas estão se tornando no pior dos hospitais, aquele em que o enfermo não pode sequer falar da sua enfermidade.

Há excesso de um triunfalismo irreal e que não é humano: só é santo quem não tem problemas, só é ungido quem só tem vitórias e assim por diante, como se no mundo NÃO tivéssemos aflições. Aliás, isso contraria as palavras de Jesus registradas em João 16:33.

Nestes lugares, a comunhão séria – característica da família de Deus – é trocada por um relacionamento em que impera o formalismo: cumprimentos profissionais, tapinhas nas costas protocolares e sorrisos feitos sob encomenda. Essa atitude deixa transparecer que ninguém é importante para ninguém, como uma loja de *shopping center*, onde somos tratados bem porque desejam o que temos.

Se quiser viver com saúde, procure semear em sua comunidade um ambiente de confiança onde as pessoas possam abrir o seu coração e serem ajudadas. Em seu livro *Conexão* (Editora Mundo Cristão), Larry Crabb afirma: "temos cometido um erro crasso! Na maior parte deste século, temos definido erradamente como fruto de desordens psicológicas e delegamos o seu tratamento a especialistas treinados. As mentes danificadas não são o problema. O problema são as almas isoladas". Em vez de compartilharmos as nossas lutas mais íntimas, usamos máscaras e evitamos a "morte" de confessarmos as nossas angústias pessoais aos irmãos, optando por transferi-las da igreja para o consultório do profissional. Ou seja, a prática da comunhão de tudo, inclusive de nossas lutas e que deveria fazer parte de nossa vida comunitária, tem sido abandonada.

O isolamento é a arma que o diabo e os seus anjos têm contra nós, fazendo-nos crer que estamos sós em nossas lutas. Isso tem resultado em muitos cristãos doentes.

Hoje, podemos chegar com confiança ao trono da graça para confessar a Deus os nossos pecados, sem intermediários humanos. No entanto, também podemos abrir o nosso coração e sermos socorridos e amparados, provando da graça do Pai "encarnada" nos braços dos nossos irmãos. Aleluia!

Igreja é para isso!

O próximo passo é você procurar ser fiel em uma comunidade, não se esquecendo de que agora já é parte da única e gloriosa igreja de Jesus Cristo, o seu corpo vivo.

Deus irá ajudá-lo a encontrar o lugar certo, onde você vai se sentir em casa, onde as pessoas lhe pareçam mais acolhedoras e amigas.

Ore, busque ao Pai e ele vai auxiliá-lo nesta tarefa. Contudo, não se esqueça de que nunca vai encontrar uma comunidade sem defeitos e "pronta", justamente porque vai estar a espera de sua ajuda e participação para ficar melhor! Quem procura uma igreja buscando apenas a satisfação de seus próprios interesses, ainda não entendeu bem o que é ser cristão!

Como é uma igreja ideal

(Pelo menos é como acho que devia ser):

PÔXA, ATÉ QUE ENFIM, DEPOIS DE MUITO PROCURAR, ENCONTREI A IGREJA PERFEITA!

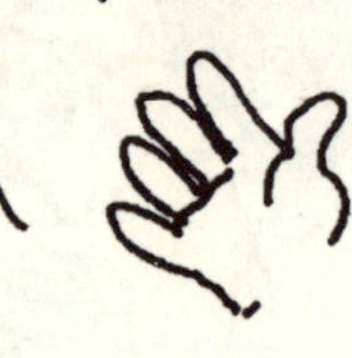

IMAGINA SÓ: O CORO É UM DESASTRE, O PASTOR PREGA MAL, AS REUNIÕES DE ORAÇAO SÃO VAZIAS E O CULTO MAIS PARECE UM FUNERAL!

VIU COMO ELA É PERFEITA? LÁ EU VOU PODER SER UMA BENÇAO!

"Sê tu uma bênção!" Gn 12:2

Tenham cuidado para que ninguém vos domine por meio de filosofias engenhosas e enganadoras, baseadas em tradições humanas e refletindo a sabedoria falível deste mundo, mas que não corresponde à doutrina de Cristo.

(Cl 2:8, versão O Livro, de Portugal)

Se você buscar a Palavra de Deus como conselheira, estará a salvo de todo tipo de barco furado que vierem lhe vender como "a última palavra em se tratando de Deus".

Não há engodo, mentira ou "acrobacia de raciocínio teológico" que resista a um exame acurado da Palavra de Deus, com a ajuda do Espírito Santo e do bom senso.

Lembre-se dos cristãos de Beréia em Atos 17:10,11 que conferiam tudo, diligentemente, na Bíblia o que Paulo lhes pregava.

Nunca se esqueça de que é seu privilégio ouvir a Deus. Por isso, não troque esta bênção por nada.

Procurar algum irmão por conselho ou testificação é uma coisa. Buscar alguém para perguntar se você deve ou não casar, comprar ou não uma bicicleta... ou aquilo que poderia perguntar diretamente para Deus é outra coisa.

Procurar uma alternativa para a sua própria relação com Deus é o mesmo que procurar adivinhos, bruxos, médiuns, espíritos etc. Mesmo que ele seja um padre cheio de carisma, um pastor-estrela, ou "profeta cheio de unção". E previna-se: o que é de Deus não produz contenda e isolamento, nem é resultado de orgulho e falta de amor e misericórdia!

Se o assunto é procurar uma igreja séria, um lugar para ter comunhão até Jesus voltar, nem o Poder Judiciário nem a Defesa do Consumidor podem ajudar você separando o joio do trigo, em se tratando de reparar qualquer erro cometido.

Cuidados na busca de uma igreja

1- Duvide do grupo que utiliza algum livro ou tradição igual ou superior a Bíblia.

2- Desconfie de um lugar onde se cultua (ou se dá valor exagerado) a alguma personalidade viva ou morta ou onde as posições dos líderes sejam inquestionáveis. Lembre-se: o pastor (ou líder) que não cheira a ovelha acaba por cheirar a açougue! Esses que amaldiçoam os opositores, que agem com uma impiedade maior do que vemos fora da igreja e "justificam" no seu cargo ou "ministério" são eles mesmos, servos do diabo, disfarçando-se de cristãos.

3- Olho aberto com grupos que reivindicam uma condição superior a dos demais cristãos (isso pode ser notado facilmente pelo isolamento em que vivem).

4- Não caia na submissão a um controle da sua vida e intimidade, nem permita que tentem manipulá-lo obrigando-o a servir a organizações e a homens mais do que exige o serviço voluntário a que todo cristão está sujeito.

5- Caia fora de qualquer grupo onde Jesus não seja cultuado num mesmo nível que Deus Pai e acima de qualquer ser humano.

6- Pense bem antes de filiar-se a um grupo que anda à margem das leis e da ética ou que não está atento para essas questões (se você mora num país democrático e livre).

E ele mesmo deu uns para apóstolos, e outros para profetas, e outros para evangelistas, e outros para pastores e doutores, tendo em vista o aperfeiçoamento dos santos, para o desempenho do ministério, para a edificação do corpo de Cristo, até que todos cheguemos à unidade da fé e do pleno conhecimento do Filho de Deus, à perfeita varonilidade, à medida da estatura da plenitude de Cristo (Ef 4:11-13).

Você deve buscar discernimento em Deus sobre a sua função e lugar para auxiliar no crescimento do corpo.

Deus dispôs a cada um como membro de seu corpo, com funções específicas. Ele vai encarregar-se de capacitá-lo a executar a sua parte.

Esta igreja tem vários núcleos espalhados por todo o mundo e é reconhecida por diferentes nomes (muitos deles, originados de particularidades, preferências, tradições...). Apesar de algum sectarismo aqui e ali, nenhuma das partes pode jamais negar que este organismo, o corpo vivo de Cristo aqui na Terra, é maior do que estas particularidades doutrinárias ou de costumes e não pode ser dividido.

Quando Deus nos vê, não faz essa separação toda que existe entre as denominações.

SEJA UM MEMBRO FIEL. A SUA PRIORIDADE É A IGREJA LOCAL!

Existem várias organizações que são chamadas de para-eclesiásticas, que caminham lado a lado e servem à igreja. Elas têm trazido inúmeros benefícios à igreja de Cristo, mas definitivamente não pretendem substituir o papel de uma igreja na vida de ninguém (pode perguntar aos líderes dessas organizações).

Elas não ordenam oficiais segundo as escrituras e a tradição cristã: pastores, padres ou diáconos, não ministram os sacramentos (aquilo que Jesus deixou como ordem para a igreja) e não oferecem ferramentas suficientemente capazes para o crescimento pleno e para o exercício do ministério cristão, resultando na maturidade espiritual.

Portanto, mesmo que você tenha conhecido Jesus numa destas organizações, deve procurar se integrar a uma igreja.

Muitos desses ministérios nasceram de Deus, na brecha que as igrejas abriram não assistindo satisfatoriamente a grupos dentro da sociedade que tinham carências específicas, como empresários, esportistas, estudantes e muitos outros. Porém, ressalto novamente que eles não têm pretensão de substituir a igreja.

Para vivermos tudo o que o nosso Pai tem para nós, devemos apoiá-los (com o nosso engajamento e participação, com orações... e com as nossas ofertas inclusive, como eu mesmo tenho feito há anos), mas devemos viver ligados à solidez de uma igreja local.

Eles funcionam mais ou menos como uma boia ou, no máximo, um bote salva-vidas (que são equipamentos), tirando gente da desgraça, longe de Deus (e o fazem muito bem!)

Mas, como podemos imaginar, ninguém pode viver dentro de um salva-vidas, o que não daria suporte, segurança ou crescimento para ninguém.

OUTRA COISA FUNDAMENTAL QUE NÃO PODEMOS ESQUECER É QUE DEUS NOS CHAMOU PARA O RE-LA-CI-O-NA-MEN-TO

Qualquer coisa que façamos ou vivamos como igreja que não privilegie ou que traga empecilhos a nossa comunhão deve ser evitado. Sejam as nossas estruturas (e como as amamos!!!), a nossa organização, nossas leis internas e características de trabalho, elas devem resultar numa vida saudável para todos.

Se Deus desejasse estrutura e organização como somos tentados a achar, passando por cima do relacionamento fraterno e pleno de amor, ele certamente teria salvo todo o pessoal da IBM, da XEROX e de tantas outras grandes corporações que, havemos de concordar, são bem mais eficientes nesse quesito do que nós.

Lembre-se: ou a igreja é uma família ou acaba sendo o mais sujo e perverso dos ajuntamentos! E isso pode ser provado ao longo da história.

PROCURE RESOLVER OS SEUS PROBLEMAS NO ÂMBITO DA PRÓPRIA IGREJA!

Muito cedo na minha vida comunitária, em Minas Gerais, aprendi que quando temos uma rusgazinha qualquer com o cristão que "não-quer-nada-com-a-dureza" ou com o irmão ou companheiro do caminho que tem andado em problemas, em equívocos, nós o convidamos para pescar ou para almoçar conosco, buscando preservar o nosso relacionamento em primeiro lugar e tratarmos do resto dentro desta perspectiva. Ou seja, tudo pode e deve ser consertado com amor e honra. Se alguém recusar, aí sim, a coisa pode partir para algo mais firme. Mas, ainda assim, deve ser feito com amor! E dentro da própria vida comunitária.

E atenção! Nada de lavar roupa suja na casa dos outros ou em praça pública. Por isso, tenha a certeza da presença do amor em suas atitudes e exercite sempre o perdão, pois quem não perdoa é derrotado por Satanás (2Co 2:10).

Muito daquilo que tem envergonhado o nome de Cristo provém da imaturidade de irmãos e líderes que tentam usar a opinião pública em vez do auxílio seguro do Pai. Vale tudo: os jornais, a TV, os tribunais e as "bocas-de-Matilde", o espalhar de escândalos e até do que deveria estar circunscrito a poucos.

Quando isso acontece, podem estar certos de que jogamos lama no precioso nome do Senhor. E o inferno todo aplaude de pé!

JESUS JÁ NOS ADVERTIU QUE UMA CASA DIVIDIDA NÃO PODE PREVALECER CONTRA OS INIMIGOS.

O IMPERATIVO NO REINO DE DEUS É O AMOR E A UNIDADE, UMA DAS POUCAS COISAS DA VIDA COM DEUS QUE REALMENTE DEMANDA ESFORÇO!

Esforçai-vos diligentemente para manter a unidade no vínculo da paz (Ef 4:3).

Não é algo fácil, mas glorioso.

Viver solteiro é bem mais fácil do que viver casado.

Fazer as coisas sozinhos também pode ser bem menos complicado e até mais rápido. Mas andar junto é mais glorioso e é possível ir mais longe.

É algo tão glorioso que tapa a boca de qualquer um quando vê um judeu abraçado com um árabe, um negro com um branco, um paulista com um carioca, um palmeirense (como eu) com um (argh!!!...) corinthiano.

Você sabe, viver só pode ser mais fácil, mas viver em comunhão é muito mais glorioso e frutífero (Ec4:9-12)!

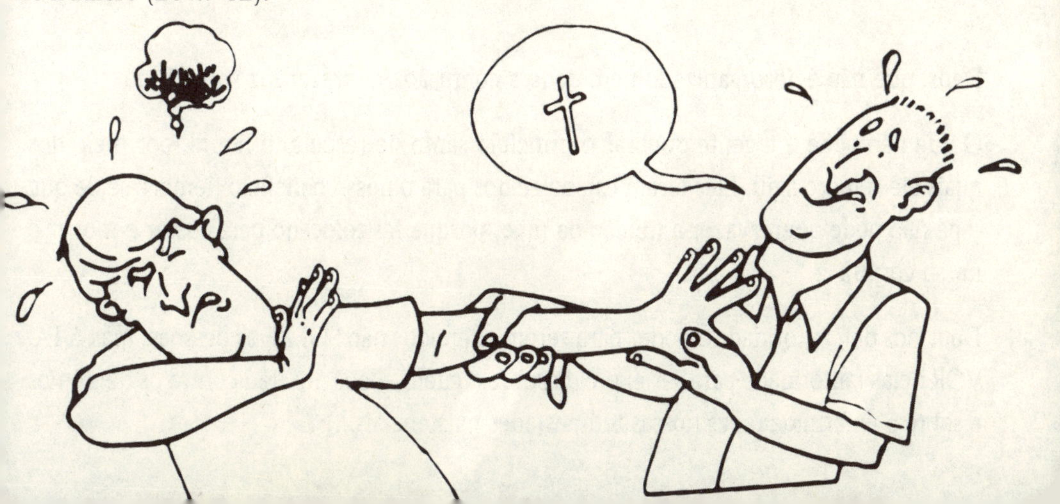

SE DEUS FALOU ALGO AO SEU CORAÇÃO QUE É DIFERENTE DO QUE FALOU AO PASTOR OU AO LÍDER SOBRE VOCÊ, ESPERE ANTES DE TOMAR QUALQUER ATITUDE. E ORE.

Deus, que não é desorganizado nem dado a confusão, vai trazer luz sobre tudo.

O que não pode é a gente quebrar o princípio santo de respeito e honra, por meio dos quais ele sempre agiu. Eles foram estabelecidos para o nosso benefício (lembre-se de que o pé não pode querer fazer a função da mão, porque foi colocado para suster e mover o nosso corpo).

Deus nos deu autoridade e poder para serem exercidos não SOBRE as pessoas, mas A FAVOR delas (autoridade para ser exercida sobre alguém, Deus nos deu contra os demônios e sobre a enfermidade, as nossas tempestades existenciais...)

SE ALGUÉM TROUXE A VOCÊ UMA PALAVRA CONTRA ALGUÉM (SEJA O SEU IRMÃO, OU QUEM QUER QUE SEJA, QUE É PARTE DE VOCÊ E DE CRISTO) VOCÊ PRIMEIRO O DEFENDE...

DEPOIS, PODE ATÉ CONFERIR COM ELE!

Às vezes, nos assustamos quando descobrimos alguma falta dos irmãos.

Como você já deve ter percebido em si mesmo, ainda temos uma alma que precisa ser tratada, dia após dia.

Como somos passíveis de erro, todos nós, pode ser que sejamos surpreendidos por algum escorregão ou falta de um irmão (que pode até ser o pastor ou a pessoa que você mais admira) ou, sem ter desejado, ouvir "a última", vindo de um fofoqueiro qualquer (coisa que Deus odeia), mas não se abale!

Se alguém errar, não erra conosco. Ainda que não pareça, essa pessoa não errou com você ou com quer que seja, mas com Deus e precisa da nossa ajuda. Por isso, não tenha nunca o receio de confrontá-lo com os fatos – com a verdade e em amor.

Não sei o porquê, mas o ministério de exortação vem sendo negligenciado hoje em dia.

Bem cedo e, analisando outras culturais onde vivi, descobri que os confrontos não devem ser evitados. A dor, o dissabor, o desconforto e os frutos que resultam de um confronto evitado é muitas vezes pior que o desconforto do próprio confronto.

CUIDADO COM A HIPOCRISIA!

Quando o confronto diante do erro não tem lugar em nossa vida comunitária, então temos um excelente fertilizante para a raiz de amargura, as depressões e... para a hipocrisia! Por isso, não tenha medo dele.

Tenha sempre com você uma máxima que sempre ouvia de um grande amigo e meu pastor por alguns anos, o falecido rev. Terso Aguiar, de saudosa memória: "A igreja, nós amamos e servimos, e deixamos as críticas para o inimigo".

Tome cuidado com as coisas periféricas à fé!

ELAS PODEM CONFUNDIR, MAS NÃO SÃO CAPAZES DE FAZÊ-LO SANTO, ALGUÉM QUE SATISFAZ O PADRÃO DIVINO!

"Pois o reino de Deus não é comida nem bebida, mas justiça, paz, e alegria no Espírito Santo" (Rm 14: 17).

Pode ser que fiquemos entusiasmados com um estilo de vida cheio de parâmetros meramente visíveis de religiosidade, como o de valorizar usos e costumes, uniformes, usar de linguajar religioso etc... Este modelo, além de causar divisão no corpo de Cristo, nada pode fazer com aquilo que existe de pior em nós: o nosso velho coração! Por isso, cada um deve andar conforme a sua consciência (Rm 14:22,23), mas tendo muito cuidado!

Não adianta você, mulher, manter adequadas para agradar a Deus e deixar a vergonha curta! De nada adianta você, rapaz, andar em santidade e não podar a língua. Tampouco ir cedo a todas as reuniões de oração, para depois dar relatórios "a-quem-interessar-possa" de quem não apareceu, quem não orou e assim por diante.

A Bíblia é clara, o importante é viver em amor! Justamente, o que agrada a Deus.

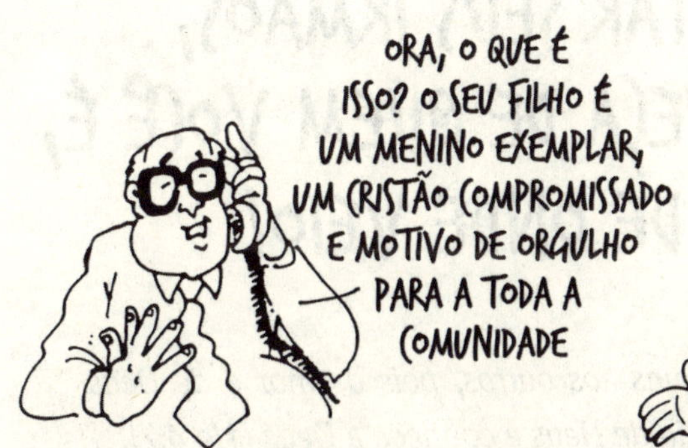
ORA, O QUE É ISSO? O SEU FILHO É UM MENINO EXEMPLAR, UM CRISTÃO COMPROMISSADO E MOTIVO DE ORGULHO PARA A TODA A COMUNIDADE
MAS,... MAS E AQUELE CABELO ESQUISITO?

MAS MINHA IRMÃ, O IMPORTANTE É QUE ELE SEJA ALGUÉM QUE LEVA DEUS A SÉRIO! NUNCA FALTA AOS SEUS COMPROMISSOS...

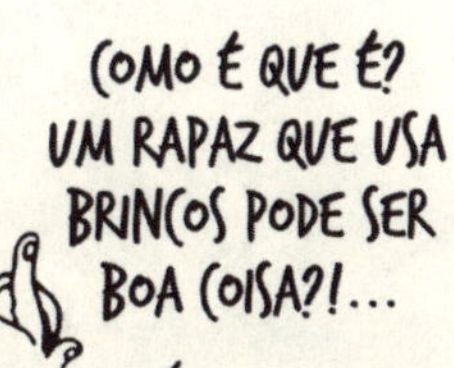
COMO É QUE É? UM RAPAZ QUE USA BRINCOS PODE SER BOA COISA?!...

DESCULPE-ME LÁ, MINHA SENHORA,... SERÁ QUE JÁ SE INTERESSOU EM SABER SINCERAMENTE O QUE HÁ DENTRO DO SEU FILHO? O QUE ELE TEM NO PEITO?...

POIS É, JÁ:...
UMA GRANDE TATUAGEM!
BUA... BUÁÁÁÁÁ....

AO TRATAR SEUS IRMÃOS, NUNCA ESQUEÇA DE QUEM VOCÊ É, NEM DE ONDE VEIO!

Amados, amemo-nos uns aos outros, pois o amor é de Deus. Quem ama é nascido de Deus e conhece a Deus (1Jo 4:7).

Você não pode esquecer de maneira nenhuma como era antes de Jesus ou em que "balaio de gato" estava metido antes da graça de Deus o ter alcançado.

Se isto acontecer, pode estar certo que você vai agir com rigor para com a falta dos outros e a misericórdia vai desaparecer de seu coração. Em vez de palavras de ânimo e bênçãos dirigidas aos irmãos, restará somente aquele velho discurso inquisitorial e condenatório.

Se quiser ser bênção de Deus na vida da igreja, esteja pronto a elogiar os irmãos quando acertarem, mas também pronto a exortá-los. Mas atenção! Não se esqueça de amá-los, tendo a certeza desta intenção santa (que é bem mais que um sentimento) antes de fazê-lo. Quando se ama, tem-se também misericórdia. Aliás, do mesmo tipo que alcançou você e que certamente deseja abençoar os seus irmãos!

Já basta o fato de existir muito cristãos orando pela conversão do outro, não para que ele venha a ser feliz, mas para que o problemático deixe de lhe dar trabalho.

E nisso, não há qualquer honra!

Mas vós sereis assim. Pelo contrário, o maior entre vós seja como o menor; e quem governa seja como quem serve (Lc 22:26).

No reino de Deus, o crescimento espiritual é inversamente proporcional ao ideal de importância e honra numa estrutura de poder humano. É o inverso daquilo que no mundo chamamos de "grande".

Veja a experiência e trajetória de Paulo, o apóstolo! Por três vezes ele fez referência a si mesmo. Pesquisando essas descrições, chegamos à conclusão que há uma ordem cronológica que nos ajuda a compreender algo fundamental na experiência cristã: quanto mais crescemos diante de Deus – no viver diário, nas experiências e conhecimento do Altíssimo, pela Sua palavra, menor nos pareceremos aos nossos próprios olhos. Quanto maiores, menores.

Certa vez, logo no início da sua caminhada, Paulo afirmou que era "o menor dos apóstolos" (1Co 15:9). Quantos eram eles, doze, treze?... Noutra ocasião, já depois de alguns anos após essa afirmação, depois de ter experimentado mais do Pai, nas viagens, nas revelações, nas honras e nas perseguições, fartura ou necessidades e privações de toda ordem, e visto mais do poder de Deus, disse ser: "o menor de todos os santos" (Ef 3:8). Já bem próximo ao supremo encerrar um ministério glorioso, como um dos maiorais da Igreja de Cristo, próximo da sua morte – martirizado por decapitação em Roma – Paulo faz sua derradeira descrição sobre quem era: "...Cristo Jesus veio ao mundo para salvar os pecadores, dos quais eu sou o principal" (1Tm 1:15). Percebeu a lógica? Quanto mais caminhamos para perto de Deus, quanto mais enxergamos a Sua majestade, mais vemos a Sua glória e, em contrapartida, mais vemos a nossa necessidade Dele. Quanto mais bondoso Deus se nos mostra, tanto mais ruins e não merecedores da Sua glória nos vemos.

A lógica é essa: Quanto mais somos, menos Deus é. Quanto mais Deus é, menos nós somos.

Corrigindo um ditado anticristão e tão popular na nossa cultura: "Quanto mais nos rebaixamos, mais a honra aparece!" Portanto, não tenha medo de se humilhar – diante de Deus e dos homens! Lembre-se: Deus dá graça aos humilde, mas resiste – isto é, ignora, rejeita, despreza, ao soberbo (Tg 4:6-10). Ah! Humilhar não é tornar-se passivo. Jesus foi humilde e manso, mas nunca foi passivo ou mole como homem. Alguém que enfrentou resistentes, ao diabo, expulsou bandidos que comercializavam a fé e exploravam o pobre e foi até a cruz, está longe de ser alguém passivo, sem iniciativa ou força. A coragem é do humilde. E é dele o reino dos céus, e ele é quem herdará a terra (Mt 5:3-12), sem que para isso, tenha de viver a exigir direitos. O humilde é aquele, precisamente que sabe que não precisa reivindicar direitos. Quando o faz, é para o outro, para o pobre, para a viúva, porque ele sabe que dos seus direitos, cuida Deus, o Todo-Poderoso.

Este princípio pode fazer uma tremenda diferença na vida em comunidade.

SUBMISSÃO: UMA SANTA DISPOSIÇÃO DE AMOR!

Às vezes, tenho sido questionado (e pressionado até) por algumas senhoras que têm problemas com um possível mau entendimento daquilo que as escrituras recomendam sobre a submissão que esposas devem ter aos seus maridos (princípio que encontramos em Ef 5:22). Numa atitude defensiva, argumentam se isso não tinha a ver com a cultura da época, em que as mulheres pouco, ou nada valiam mais que os animais, pela ótica preconceituosa do

Apóstolo Paulo, ou se isso não é algo perigoso por incentivar líderes e homens machistas na igreja hoje em dia, que buscam na Bíblia razão para suas atitudes preconceituosas (ainda que muitos, condenavelmente o sejam!). Embora não tenha eu esta vocação, sempre que posso esclareço que este princípio antes de ser vivido na igreja como mandamento para os casais ele traz na verdade em principio universal, tão necessário para as relações: "O da submissão uns aos outros em amor" (conforme o versículo anterior de Ef 5:21).

Quem não pode ser submisso ao irmão na igreja, quem ainda não dobrou a sua vontade em benefício do outro, não pode o ser em casa, nem no trabalho, nem em parte alguma.

Mas isto não é obrigação. É virtude, é privilégio. Tal como Jesus fez conosco, submetendo a sua glória, vontade e poder divino à nossa necessidade podemos fazê-lo pelos outros.

Se somos a Sua noiva, como num casamento segundo Deus, então cada parte submete-se à outra parte e todos são igualmente satisfeitos, supridos e abençoados.

ESTEJA PRONTO A ABRIR MÃO DOS SEUS GOSTOS! ISTO TEM A VER COM SER SANTO!

Não se esqueça que as suas preferências não devem nunca ser motivo de separação ou discriminação de quem quer que seja. Esteja disposto a abrir mão delas!

Há alguns anos, em visita ao Tribal Generation, um fórum que reunia os que dedicam-se a buscar com a mensagem e o testemunho do evangelho, o pessoal da geração chamada emergente.

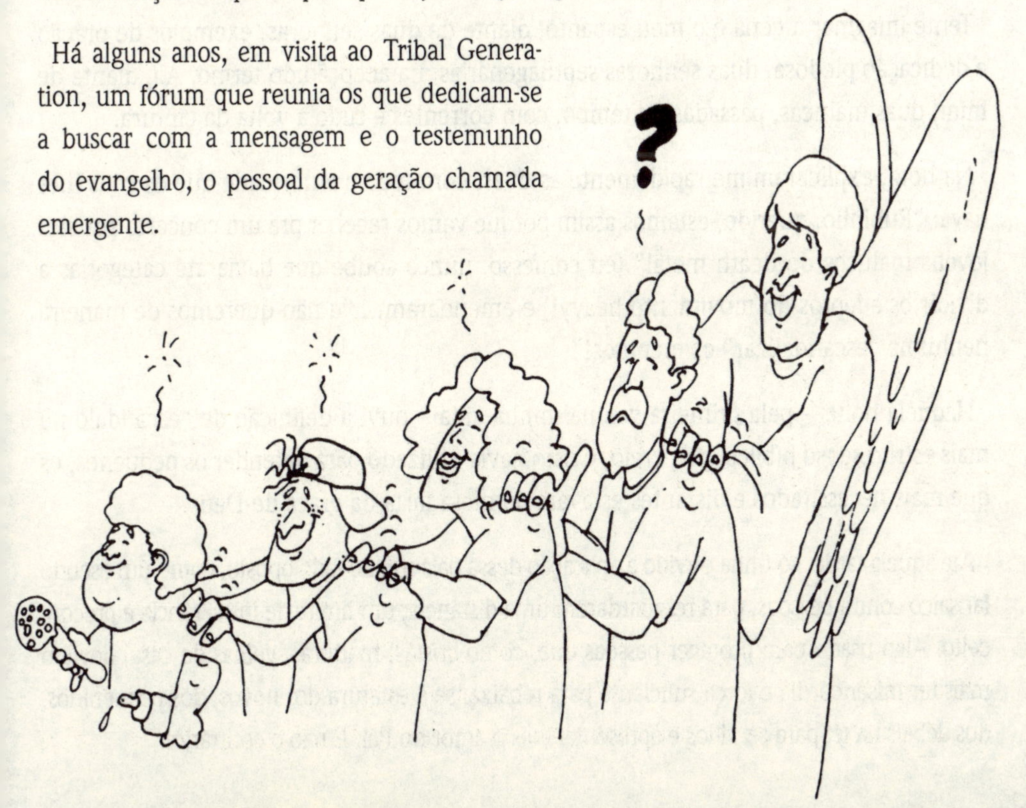

Foi em Uberlândia-MG. Muita tribo reunida, muita gente maluca de toda espécie – maluca por Jesus e por gente. Gente de todo tipo. Gente que precisa Dele. E que, apesar da nossa velha expectativa religiosa (e preconceituosa), na maioria das vezes, mudada pela cruz, é transformada completamente, mas só por dentro. Por fora, geralmente, contrariamente do que o nosso farisaísmo podia esperar, continuam os mesmos – nos cabelos, nas roupas e adereços, rigorosamente iguais.

Pois foi aí, em meio a muita coisa de Deus no meu coração, no confronto com essas minhas ideias menores, ridículas que ainda teimavam em estar nos cantos escondidos da alma, é que me encontrei com duas ex-ovelhas, do tempo em que pastoreei uma comunidade que se reunia num velho cinema do centro da cidade. Deviam cada uma, estar já na casa dos 70, 70 e poucos anos. Mas, não tivesse eu uma memória fotográfica – coisa de cartunista – não as teria reconhecido.

Cada uma, vestidinha de preto, dos pés à cabeça, bijuterias esquisitas e pasme, com bandanas pretas a cobrirem os cabelos nevados.

Na hora, eu deixei soltar aquela clássica, fruto do inusitado da cena: "Até vocês, minhas irmãs? O que é isso? Que roupas são essas?"...

Tente imaginar a cena e o meu espanto, diante de duas senhoras, exemplos de oração e dedicação piedosa, duas senhoras septuagenárias, na acepção do termo. Ali, diante de mim, duas malucas, passadas do tempo, com correntes e tudo à volta da cintura.

Na hora, explicaram-me rapidamente as duas, com toda a autoridade que os céus lhes dava: "Rubinho, querido, estamos assim porque vamos receber pra um concerto aqueles jovens malucos do death metal" (eu confesso: nunca soube que havia até categorias a dividir os adeptos do movimento heavy!) e emendaram... "e não queremos de maneira nenhuma "escandalizar" os meninos!"

Naquela noite – pela primeira vez na minha vida – ouvi a definição de "escândalo no mais estrito senso bíblico que, creio, Cristo havia utilizado para defender os pequenos, os que mais necessitados e distantes estavam da mesa farta da graça de Deus.

Até aquela tarde, só tinha ouvido a aplicação dessa palavra, no lado oposto, como um escudo farisaico contra pessoas, para resguardarem uma distância, um limite de intolerância e preconceito. Algo usado para proteger pessoas que, como cristãs, maduras, velhas de casa, deviam mais ter misericórdia e força suficiente para rebaixar-se à estatura dos novos, dos pequeninos, dos débeis na fé, para servi-los e apresentar-lhes o amor do Pai. E não o contrário.

Desde há muito, ouvira esse: "Cuidado para não escandalizar", para proteger gente que já devia ter maturidade suficiente para flexionar-se, rebaixando-se à estatura dos mais novos.

Escândalo é fazer algo, é portarmo-nos de modo a impedir as pessoas de virem a Cristo. Aplicado a cristão, já com "tempo de casa", que conhece já o evangelho, escândalo nada mais é do que apenas frescura.

Aplicado à cristãos maduros é incentivar a intolerância, o preconceito e o fechar-lhes a consciência, a guarda em torno das suas preferências, manias e gostos num coração de pedra.

Cristo nos chama hoje a despirmo-nos dos nossos cômodos escudos de proteção contra os outros, daquilo que fazem de nós pedras de tropeço àqueles que querem vir a Ele. Como aliás, Ele fez, despindo-se de tudo o que possuía no céu e vestir-se dessa roupinha ridícula, sensível e frágil da nossa humanidade.

Estamos prontos a abrirmos mãos de nós mesmos pelos outros? Até que ponto estamos dispostos a ir para não os escandalizarmos?

Nada mais radical e maluco!

Se Deus já o abençoou com toda sorte de bênçãos (Ef 1:3), relaxe! Se alguém vir a se esquecer de você – até mesmo a sua mãe – isso não significará nunca que Deus se esqueceu de você (Is 49:14, 15)! Ninguém poderá lhe causar prejuízo. Ninguém poderá abater você. Se chegarmos a luz entristecer, vai ser porque sentimos as dores de quem nos ofendeu e por tudo aquilo que o pecado estará produzindo na vida dele.

Por isso nunca tenha medo de servir a quem quer que seja!

ISTO TEM A VER COM A FÉ CRISTÃ: ENQUANTO VOCÊ CUIDA DO INTERESSE DO OUTRO, ELE CUIDA DO SEU. E DEUS, O DE TODOS NÓS!

ONDE ESTÁ O NOSSO TESOURO?

"Cada um contribua segundo propôs no seu coração; não com tristeza, ou por necessidade; porque Deus ama ao que dá com alegria"
(2Co 9:7)

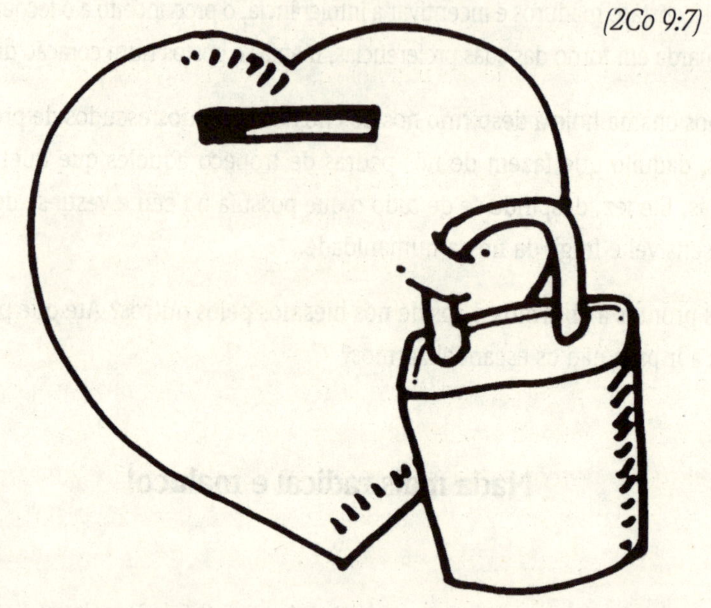

A Bíblia garante que é Deus quem sustenta a sua igreja (o Seu povo). Sabe como é que faz isso? Por meio de nós!

Exatamente. A riqueza de Deus que é o dono do ouro e da prata, está no seu bolso, no meu e de todos os irmãos, aqueles a quem Ele dá até enquanto dormem e abençoando o trabalho das suas mãos (Sl 127:2). Como membro de uma comunidade, todos nós temos compromissos para com ela. É Por nosso intermédio e da nossa fidelidade que uma comunidade ou uma igreja pode evangelizar, enviar missionários, manter trabalhos assistenciais e de intervenção social, socorrer irmãos e muito mais.

Alguns acham que isto nada tem a ver com Deus. Acreditam eles que podem esconder o bolso na comunhão que têm com Deus, como aqueles casos de cônjuges que têm um "caixa dois" – uma contabilidade escondida, "por fora"... O difícil é convencer o Eterno que a nossa vida inteira é dele, que confiamos na Sua provisão e cuidado, mantendo o nosso coração no valor que carregamos no bolso.

Se quiser viver integralmente a sua fé em Deus e vê-lo agir em todas as áreas da sua vida, seja liberal no dar, no ofertar – e não apenas na manutenção de uma comunidade, mas em projetos de interesse comunitário, no socorro, no abençoar pessoas em dificuldade!

Você não pode tornar Deus mais rico do que é, e mais: surpreendê-Lo ou comprar o Seu favor. Não caia no conto de vigaristas que enganam as pessoas tentando fazê-las crer numa divindade que se pode comprar, que é dada a barganhas e que vai abençoar você sob a condição de ofertar. Este é o maior dos escândalos que se tem associado às igrejas cristãs. Deus não vende favores. Ele é gracioso mas não se preza a comércios desse tipo que nos apresentam hoje – até nos púlpitos. Em Portugal ouvi algo que resume bem esse espírito, sobre "gente que oferta a Deus um chouriço à espera de receber um porco".

Se não for com alegria, Deus rejeitará a sua oferta. Se ofertar por constrangimento, coação – ou obrigação – ou por medo de lhe cair um dente ou perder um emprego ou ser atacado pelo "devorador", Deus não irá aceitar. Pelo contrario, é melhor guardar-se de pecar e não trazer nada para o culto Àquele que não é movido por mãos – e ofertas ridículas – humanas. Isso é uma afronta à santidade e à graça sacrificial da obra de Cristo Jesus! E não seja presa de bandidos, tal como existiam já no tempo de Jesus e que dele mereceram açoites e a expulsão do lugar sagrado! É ultrajante ver como usam – e abusam – de textos vetero-testamentários para cobrar, constranger e até ameaçar os fiéis em busca do seu bolso. Ao invés de gratidão, cobram eles – o medo. Invés de amor, comércio e objetivos egoístas juntam eles ao ato de ofertar. E dão-lhes pragas e maldições para quem sonegar dízimos, e condicionam a salvação, o favor, ao bolso do fiel. A graça é um conceito dos mais desprezíveis diante do valor que dão ao dinheiro. A igreja já virou para eles, a "Casa do Tesouro" a qual se deve pagar tributo, numa exegese absurda sobre textos próprios de um tempo em que a identidade nacional e a religião e o templo e a Casa da Moeda, ou o fisco eram a mesma coisa.

Se não for por amor, gratidão,... esqueça! Isso lhe será por dano.

Outra coisa: igreja não é empresa! Cuidado com o volume crescente de recursos no banco! Eles podem rapidamente transformar-se em nossa "âncora de fé".

Perdoem-me, mas desconfio de igrejas (e até de homens) que só pensam em acumular dinheiro e riquezas neste mundo, apesar de temos tanta necessidade no fazer da obra de Deus.

Igreja que enriquece sem investir, que acumula tesouros neste mundo além de infiel, uma fábrica de ambições e de corrupção (Mt 6:19; 13:22; Mc 10:24; 1 Tm 6:10).

Nunca se esqueça: Deus ama gente. Pessoas e não coisas, bens, propriedades,...

COMO SER UM CRISTÃO COMPROMETIDO COM A FAMÍLIA DE DEUS:

- Você é um membro e não um assistente (alguém que não tem compromisso com os seus iguais). Por isso, quando for cultuar, leve sua oferta – sempre temos o que entregar a Deus – às vezes, o dinheiro, a oferta monetária é o que menos conta! Culto sem oferta é apenas uma reunião. Esteja disposto a abrir o seu coração, os seus conceitos que foram confrontados pela Palavra, sua agenda, seu coração e porque não, até a sua oferta em dinheiro! A comunidade conta com o seu engajamento, portanto ofereça-se – o que é e o que tem – para promover a obra de Deus!

- Não espere pelos cargos! Cooperar e dar frutos deve ser o seu propósito no reino.

- Não busque o seu interesse e satisfação mascarados em intenções altruístas e de benefício coletivo! Elas vêm na medida em que buscamos a satisfação dos outros.

- Busque o seu lugar, o seu ministério (serviço) no corpo de Cristo! Os que foram chamados por Deus como líderes ou pastores sobre o rebanho são homens como você e têm como grande responsabilidade ajudar os membros a descobrirem os seus dons e cumprirem com o projeto de Deus para a sua vida. Eles podem ajudá-lo nisso.

- Quando perceber algo que não esteja bem à respeito de alguém na igreja, saiba que o Senhor só o fez saber para que você se ofereça em primeiro lugar para ajudá-lo.

- Se não estiver convencido de uma intenção santa e de uma disposição de ser instrumento de bênção e cura para alguém, não o corrija ou exorte por conta das suas faltas! Isso é acusação e para isso existe o diabo que é o acusador dos filhos de Deus! Deixe isso para outro, alguém mais maduro!

- Evite beber de muitas fontes! Ou seja: seja fiel à sua comunidade! Quem busca alimentos, indistintamente ou sem cuidado, em tudo que é canto, acaba mal do estômago!

- Recuse a praticar o esporte mais maléfico que pode existir no meio dos cristãos: viver pulando de uma comunidade para outra, conforme a conveniência! Quem abandona a sua família por qualquer motivo, sem motivo acabará só.

CONCLUSÕES PARA VOCÊ REFLETIR!

O seu compromisso com o corpo de cristo deve ser total. Todas as vitórias que deus tem para você incluem, de uma forma ou de outra, a sua família. Junto com os outros irmãos ou em concordância com eles, você irá longe. Lembre-se que um olho pode ter toda a visão do mundo, mas nunca poderá andar até onde consegue ver, se os pés não o levarem até lá. Essa é a grande benção de sermos partes de um corpo. Na justa cooperação de cada parte é que ele cresce e jesus pode ser visto de maneira plena na sociedade.

5

ESTEJA PRONTO PARA SERVIR

Ofereça-se a Deus como um instrumento da Sua vontade!

"Pois, quanto a ter morrido, de uma vez morreu para o pecado; mas, quanto a viver, vive para Deus. Assim também vós considerai-vos certamente mortos para o pecado, mas vivos para Deus em Cristo Jesus nosso Senhor. (...) mas apresentai-vos a Deus, como vivos dentre mortos, e os vossos membros a Deus, como instrumentos de justiça.

(Rm 6:10, 11,13)

TODOS OS CRISTÃOS FORAM CHAMADOS PARA SEREM SANTOS.

Deus chama a todos os que Nele creem por este nome, e isto quer dizer: andar com Deus, dedicar-se à Ele e buscar que cresça em nós!

A isso, a Palavra de Deus chama também de... santificação.

Santificar-se a Deus, significa também consagrar-se às pessoas, sabia? Uma vez que nos é impossível servir a Deus – que não precisa de coisa alguma *"O Deus que fez o mundo e tudo o que nele há é o Senhor do céu e da terra, e não habita em santuários feitos por mãos humanas. Ele não é servido por mãos de homens, como se necessitasse de algo, porque ele mesmo dá a todos a vida, o fôlego e as demais coisas"* (At 17:24,25), é certo que podemos fazê-lo servindo às pessoas, à criatura. Jesus afirmou-o, quando orou ao Pai e afirmou que *"por estes, eu me santifico a mim mesmo, pra que eles também sejam santificados na verdade"* (Jo 17:19). É incrível como tornamos a palavra santidade como um estado de distância do que é mau, do que é desvio, para garantir a nossa salvação – o nosso benefício.

Ser santo hoje, e para muita gente, tem a ver com o quão fortemente lutamos contra as pessoas para garantir a nossa salvação, para salvar a nossa pele. Entretanto, à luz da vida e pregação de Jesus, santificação tem mais a ver com o quanto nos esforçamos, o quão energicamente lutamos contra nós mesmos afim de garantirmos a salvação do outro. Isso é a rigor, o significado de ser santo, de ser separado para um propósito divino e que, no final, sempre é o de beneficiar o outro. Como aliás, Cristo ensinou com a sua vida. E saiba isso: *"Sem santificação ninguém verá a Deus"* (Hb 12: 14). Não é você não ver a Deus, o texto fala de ninguém, de pessoa alguma, de ninguém ver o efeito da cruz na vida do que diz crer. Deus sem testemunho verdadeiro, trocado por uma experiência meramente egoísta, solitária, sem efeito e sem frutos, não é manifestado à sociedade. O que restará nesse caso, será somente uma religião morta, um memorial ao que já não existe.

SER SANTO NÃO É SER ALGUÉM INFALÍVEL

Ser santo é bem mais glorioso do que ser infalível, o que é impossível. É ainda mais sublime porque revela toda a misericórdia de um Deus santo para com seres limitados e complicados como nós.

Ser santo é ser como Deus – alguém exclusivo, único e sem igual. Contudo, humano como qualquer pessoa feita à Sua imagem e semelhança: que sangra quando ferido, chora quando sofre, que adoece e... morre, mais dia, menos dia – mas que tem a vida afinada com o Criador.

O contrário de ser santo é ser... ordinário.

Ser santo é viver separado da ordinariedade da vida, obrigado a andar conforme as circunstâncias e intempéries e, sobretudo, de acordo com o pensamento, a cultura e valores apodrecidos que tentam nos subjugar. Este sistema de ideias onde a vida vale menos que o capital, que a dignidade humana é comercializada – e vale menos – que os lucros ou o benefício de uns.

Mas ser santo também é não andar à mercê da nossa natureza animal – os instintos, sensualidade e apetites – que a Bíblia chama de "animal, terrena e demoníaca", que tem prazer no erro, na injustiça, que não tem virtude e que defrauda, odeia e despreza o que para Deus tem valor.

Ser santo significa ser dedicado, como vimos, para a glória de Deus, para cumprirmos o Seu propósito.

Há um pouco de morte nisso tudo Como está escrito: "Por amor de ti enfrentamos a morte todos os dias; somos considerados como ovelhas destinadas ao matadouro" (Rm 8:36).

Quem quer que deseje santidade deve voltar-se para uma vida integral para Deus – vivendo neste mundo, fazendo o que é suposto a um ser humano fazer, mas sob o governo do Alto. Se antes buscávamos o nosso próprio interesse, agora buscamos satisfazer a Deus.

Lembra-se da ilustração sobre o casamento? Seria ridículo alguém se "separar" ou dedicar-se ao cônjuge, abstendo-se de outros relacionamentos e não abrir mão da sua intimidade para servir (o que é outro sinônimo para o amor!) o marido ou a esposa. Já imaginou? Deixar de gozar a vida com outros, mas não fazê-lo com o cônjuge.

Por isso tudo, santidade fala de uma vida aberta para Deus e, consequentemente para o próximo. Santidade sem comunhão é vaidade e egoísmo religioso-farisaico. É mais do que uma atitude passiva ou apenas contemplativa. É um estado, uma condição e uma vida objetivamente disposta à Deus e Sua vontade, morrendo a cada dia para nós mesmos. Desta forma, encontra o cristão o seu prazer, pois toda a alegria vem da mão do Eterno Senhor e, ao buscarmos o Seu prazer, encontramos o nosso.

É desta forma que o Espírito Santo do Senhor vive em nós e, pela nossa vida neste mundo, manifesta a Sua presença!

SANTO NÃO É SER COMO AQUELAS IMAGENS BONITAS POR FORA MAS OCAS POR DENTRO!

Elas tem boca mas não falam, olhos mas não enxergam. Têm pés, mas precisam ser carregadas. Elas têm uma aparência bonita, mas uma história triste. Mostram uma vida na comunidade cristã e outra em casa e na sociedade.

Mesmo que existam em nossos dias muito santos que são muito parecidos com aqueles de barro… modelos de omissão, egoísmo e outras péssimas qualidades, Deus nos chamou para algo muito diferente.

SANTO ESTÊVÃO OCUPADO

Protetor dos líderes ocupados demais com o serviço cristão e dos que não têm tempo para a família, cônjuge e os filhos.

SANTO CAIO PEDREIRA

É o protetor dos cristãos que vivem contra os vizinhos que consideram chatos e colegas de trabalho com quem não se dão. É padroeiro dos beques de várzea e dos cães de briga.

SANTA SOCORRO DAS DORES

Protetora dos cristãos injustiçados e não valorizados, de acordo com o seu auto juízo, e dos que têm dor de cotovelo. É a padroeira dos fiéis que vivem à procura de uma comunidade que os compreenda-. E os achem o máximo.

Outra coisa: Não somos um povo do "não..."

Aquele que diz não para as delícias e prazeres (ainda que passageiros) deste mundo, mas que não satisfaz o propósito divino, se submetendo a ele. O povo do "não-pode-isto", "não-pode-aquilo-outro"... Mas que também não experimenta a vida com Deus.

Somos um povo do *sim*, que diz *sim* para Deus E vai onde ele manda, diz o que ele quer, reparte sem medo o que tiver, para que ele seja satisfeito (e os outros supridos). Isto é ser santo: ser o povo do *sim*, num mundo de impossibilidades, onde não há perdão para aqueles que erraram, nenhum caminho de volta para o que fraquejou (como nas novelas de TV onde o vilão morre sem poder se arrepender e viver outro *script*!). Onde a injustiça não permite que se lute contra ela a não ser com armas igualmente injustas.

Somos um povo do *sim*, porque não tememos a morte, que nos manteve sujeitos à escravidão por tanto tempo, que não tememos perder ou sermos preteridos porque sabemos Quem nos protege e garante a nossa vida, por isso estamos livres para viver e fazer o que tudo à volta diz o contrário.

É neste mundo que Deus quer agir por meio de nós e manifestar que o Seu Reino já veio. É por nosso intermédio que ele deseja continuar a tirar da boca da sociedade: " *- eis que os que transtornaram o mundo chegaram até nós!*".

Foi por esta razão que Paulo disse "*tudo posso naquele que me fortalece*" (Fp 4:13), mesmo com o prejuízo pessoal, mesmo passando fome, necessidades ou vivendo com conforto.

Podemos tudo em Deus: subjugarmos reinos, taparmos a boca de leões, termos fartura, abundância, mas também passarmos fome, sermos torturados, serrados ao meio e tudo mais, porque Deus nos sustentará em todas as coisas e nada ou ninguém poderá nos arrebatar das suas mãos, nem separar-nos do Seu amor que está em Cristo Jesus (Hb 11; Rm 8: 31-39).

DISPONHA-SE PARA DEUS E NÃO PARA A RELIGIÃO DO BANCO!

Se antes de Jesus você empreendia seu tempo, gastava suas energias e talentos em coisas sem valor, disponha-se hoje nas mãos do seu Pai como um instrumento da Sua justiça (Rm 6: 11-13)!

Durante séculos, cristãos creram que Deus nos desejava isolados do mundo, encerrados em mosteiros e retiros. Noutros tempos, creram que foram salvos para um banco de igreja, um dia ficaram anos como assistentes de um show para consumo próprio assistindo à miséria e derrocada do mundo, cantando a Deus, ouvindo o tempo todo sobre a salvação como um conceito abstrato, um fim em si mesmo, esperando pelo céu enquanto perdiam essa vida.

Se o plano de Deus se resumisse somente em nos salvar, cairíamos mortos no momento da nossa conversão. Já pensou nisto? A palavra de Deus tem mais para nós aqui e agora. Fomos chamados para ser sal da terra e luz do mundo, influenciando e sendo agente de transformação nesta sociedade cada vez mais louca. Fomos chamados para sinalizar hoje o reino na sua máxima expressão, que será consumado na eternidade.

Desejo compartilhar com você esta tarefa e privilégio de ser benção para todas as famílias da terra, em todos os lugares e trazer de volta – por meio do Seu poder – o equilíbrio e promover a justiça em todas as coisas para todo mundo!

EU QUERO IR PRO CÉU!
EU QUERO MORAR COM JESUS!
AH! QUE BÊNÇAO! ACORDAR DE MANHÃ E SER LEMBRADO DA NOSSA HERANÇA NOS CÉUS,... DO PRÊMIO ETERNO...
QUE ACIMA DE TODAS AS NOSSAS AFLIÇÕES, POSSUÍMOS UM LAR PARA NÓS PREPARADO, GARANTIDO...
EU QUERO IR PRO CÉU!
...PENSAR NAS RUAS DE OURO ONDE ACUMULAMOS O NOSSO TESOURO, ONDE NEM A TRAÇA E A FERRUGEM NOS PODEM ROUBAR, ONDE NÃO HAVERÁ MAIS CHORO... ATÉ NOS DÁ MAIS ÂNIMO PARA TRABALHAR!
EU QUERO IR PRO CÉU!
ORA, DEIXE DE BOBAGEM, HOMEM! NÃO VIU AINDA QUE O MENINO ESTÁ TENTANDO FUGIR HOJE DA ESCOLA?!!!

Ó DROGA!
Ó DROGA!
Ó DROGA!

EU PREFERIA IR PRO CÉU!!!

Somos filhos e não empregados de Deus!

Fomos chamados para o trabalho. Desde a criação, o trabalho antecedeu o nosso pecado e já era parte do nosso chamamento. Isto é bom. Deus trabalha até hoje, disse Jesus e Ele trabalhava também (Jo 5:17), o que mostra que trabalho não tem a ver com maldição ou penalização. O problema é quando trabalhamos sem um contexto de graça, de servir ao outro, o que traz glórias a Deus que está nos céus.

TRABALHAMOS PARA SERMOS RECONHECIDOS.

TRABALHAMOS PARA CONSEGUIRMOS ALGO DE DEUS.

TRABALHAMOS PARA CONQUISTAR UMA BÊNÇÃO.

E você pode estar perguntando – e que mal há nisto? Se somos de fato trabalhadores, então esperamos sempre pela recompensa e pelo pagamento – ou reconhecimento – como qualquer empregado. Mas este é precisamente o grande componente da maldição lá no Jardim do Éden, que Adão recebeu pela sua rebeldia. O trabalho não é fruto de maldição, mas sim a expectativa do salário. Até a nossa noção de amor é equivocada, quando chamamos amor o sentimento-pagamento por aquilo que nos beneficiou. Há algo de podre na ética do trabalho nestes dias. Não trabalhamos para manifestar a bondade de Deus, o nosso prazer na satisfação do outro, no benefício do próximo ou da comunidade. Tem sempre de haver um benefício egoísta nisto tudo. Uma perspectiva de ganho pessoal.

Qual é o mal de nos vermos como empregados de Deus (e do tal propósito divino no que fazemos em sociedade)?

É que quando trabalhamos à cata de recompensa, podemos achar que esta demorou mais do que devia, que não veio à altura da nossa expectativa e nos deixar amargurados, irados, lamurientos, queixosos com o... "Patrão".

Não é possível, como aliás já tratamos, trabalhar para ganharmos o favor de Deus, como se isto fosse possível.

No Reino de Deus, trabalhamos porque já recebemos tudo.

É disso que Gálatas 4:1-7 nos fala:

"Digo porém que, enquanto o herdeiro é menor de idade, em nada difere de um escravo, embora seja dono de tudo. No entanto, ele está sujeito a guardiães e administradores até o tempo determinado por seu pai. Assim também nós, quando éramos menores, estávamos escravizados aos princípios elementares do mundo. Mas, quando chegou a plenitude do tempo, Deus enviou seu Filho, nascido de mulher, nascido debaixo da lei, a fim de redimir os que estavam sob a lei, para que recebêssemos a adoção de filhos. E, porque vocês são filhos, Deus enviou o Espírito de seu Filho aos seus corações, o qual clama: 'Aba, Pai'. Assim, você já não é mais escravo, mas filho; e, por ser filho, Deus também o tornou herdeiro."

Paulo chama de maturidade o nosso livramento do nosso senso de necessidade – justamente o que iguala o filho do servo ao filho, herdeiro, filho do dono de tudo, quando são ambos pequenos e não conscientes do que possuem. Embora dono de tudo, o herdeiro não tem ideia do que possui e vive debaixo de ansiedade e como um necessitado, escravo deste senso. Quando maduros, sabemos então do que possuímos e nos foi dado por Deus, nos livrando desta escravidão. Não é mais o que faço, mas o que Ele já fez é que conta. Essa é a diferença. Se fazemos algo, não é por conta de uma ansiedade por conseguir algo que ainda não temos – o favor do Pai. Estamos livres disso. Fazemos as coisas porque somos filhos. Como afirmou Phillip Yancey, no seu livro Maravilhosa Graça (ed. Vida): "Não há nada o que possamos fazer para Deus nos amar mais. Não há nada que possamos fazer para Deus nos amar menos."

Somos o único povo da terra que já recebeu tudo – e adiantado! Todos os benefícios que se possa imaginar. Aquilo tudo que o olho não viu, o ouvido não ouviu, nem jamais penetrou em coração humano algum, é precisamente o que Deus nos preparou, àqueles que O amam (1 Co 2:9).

Saiba isto: só existem dois tipos de cristãos no mundo todo – os que sabem do que já receberam e os que vivem atrás da bênção! E mais uma coisa: os primeiros, estão prontos para ser bênção para o mundo. Os segundos, não têm tempo para isso, posto que têm primeiro que garantir o que julgam ainda não possuir. Estes, também são os que trocam relacionamento por negócio, comércio, barganhas... Deve ser por isso que o diploma que Jesus entregou aos seus discípulos, aqueles a quem Ele abriu a sua intimidade, a sua amizade, dividindo com eles os momentos todos da sua vida – dos bons aos momentos de angústia e sofrimento – não foi o título de servos "graduados", "qualificados", de "experts", mas o de... amigos (Jo 15:15).

Como diz um companheiro de anos, do caminho, Paulo Borges Júnior: "o empregado normalmente quer que o patrão chegue mais tarde e vá embora mais cedo. O filho, ao contrário, deseja sempre que o pai chegue mais cedo e, se possível, nunca se vá!". E sobre isto, sempre nos advertiu: "Satisfação de servo é salário, e a do filho é relacionamento".

VEJA A DIFERENÇA QUE HÁ ENTRE...

O EMPREGADO DE DEUS

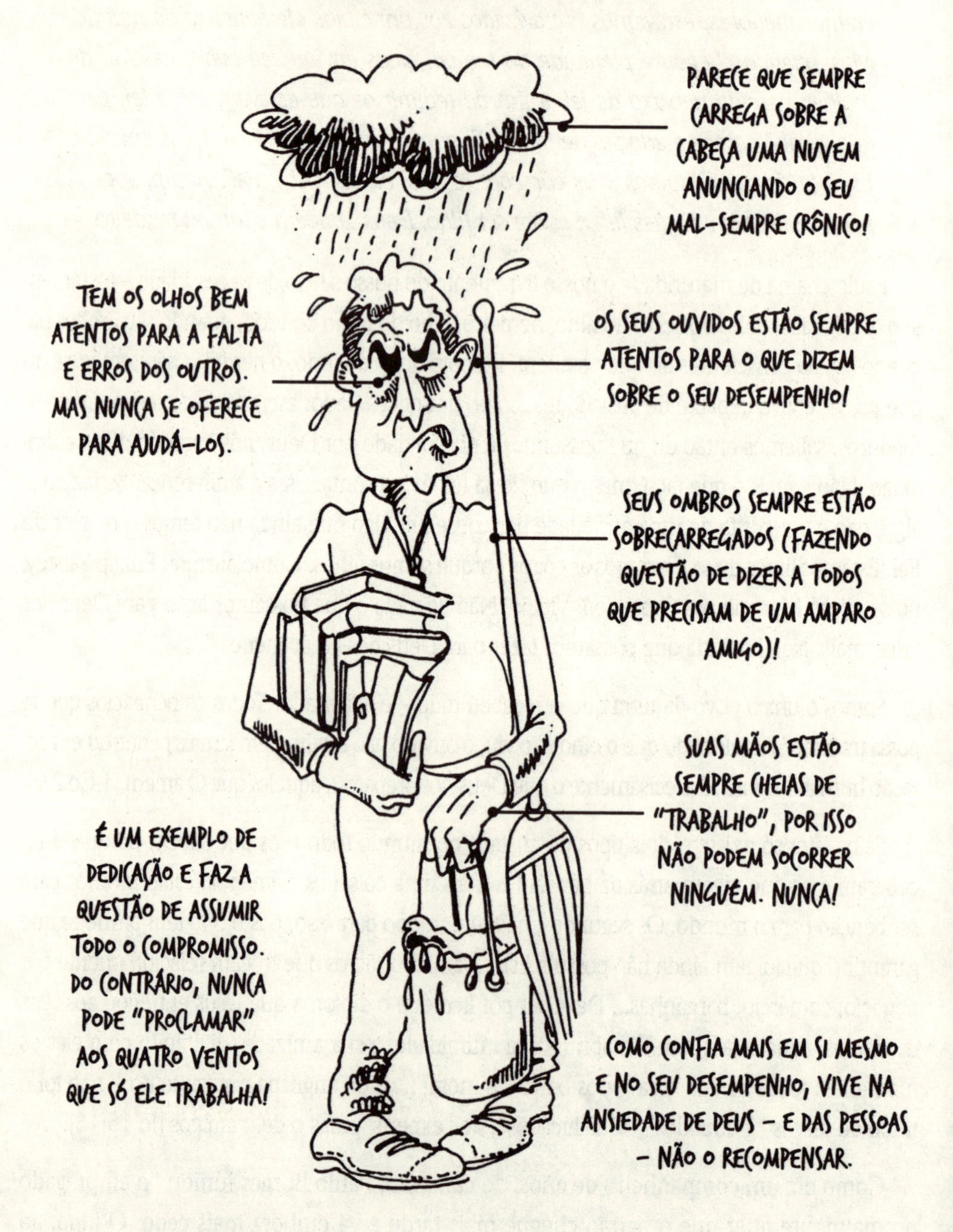

** O trabalhador sua tanto, que normalmente vive desidratado a ponto de não ter lágrimas para emocionar-se com Deus!*

E... O FILHO DE DEUS!

...ENTÃO, PORQUE DEUS PRECISA DE NÓS?

O Todo Poderoso, criador dos céus e da terra, não precisa de nenhum de nós. Essa é uma aterradora verdade. Ele realmente nos ama e isto quer dizer que Ele não precisa de gente pequena, limitada e complicada como nós, como quem precisa de um objeto.

Se Deus deseja eu e você por perto não é porque precisa, mas deseja partilhar COMigo e COM você o que Ele mesmo faz (At 17:25).

Deus basta-Se a Si próprio, mas decidiu partilhar conosco o que tem e É, pelo Seu amor. Na realidade, o que Deus mais deseja é que estejamos junto Dele. É como a situação de um pai que "pede a ajuda"do filho de cinco anos para trocar as velas do carro. Precisar, não precisa. A criança até atrapalha, no entanto, no seu coraçãozinho brota a alegria pelo privilégio da companhia e a gostosa sensação de ter ajudado.

Quem quiser servir a Deus precisa estar pronto para servir aos homens, ao próximo e à sociedade. Mesmo sem holofotes, mesmo sem reconhecimento ou benefícios pessoais. É assim que Deus age. E quer que façamos.

E, portanto, pode tirar da sua boca aquela frase triste que ouvimos vezes sem conta: "descobri que estava servindo a homens e não a Deus", porque foi pra isso mesmo que fomos chamados! Quem quer que deseje servir a Deus, esteja pronto a servir ao homem!

"Assim brilhe a luz de vocês diante dos homens, para que vejam as suas boas obras e glorifiquem ao Pai de vocês, que está nos céus" (Mt 5:16)

NÃO FAÇA CONFUSÃO: ANDAR COM DEUS É MUITO MAIS DO QUE ANDAR COM A SUA OBRA!

Ame a Deus mais do que ama o seu trabalho – a Sua denominação, a instituição a qual serve, a estrutura, o seu posto, cargo ou obrigação igrejeira!

Há uma diferença enorme entre servir a casa de Deus e Ele próprio. Você pode encontrar atentamente isto em Ezequiel 44:6-16. Lá vemos que Deus continuava aberto à cooperação dos levitas, mesmo que não Lhe tenham eles permanecido fiéis. Porém, diz o texto, recomendando vivamente, que eles não poderiam jamais passar para a parte interior do templo, o átrio sagrado. Ali, no lugar da intimidade de Deus, só entrariam uma porção dos israelitas, os filhos de Zadoque – os que haviam permanecido fiéis ao Deus de Israel. Ou seja, Deus só abre a Sua intimidade àqueles que O levam a sério – o que a Bíblia chama de “tementes” (Sl 25:14).

O pessoal da companhia telefônica ou da energia elétrica serve à casa de Deus sem que, necessariamente, sirvam à Pessoa Divina.

É possível estar aparentemente servindo a Deus e o coração, o temor, o respeito íntimo e verdadeiro não estarem ali. É possível fazermos cara de santos, termos aparência de cristãos sérios e termos um coração leviano diante Daquele de Quem nada escapa.

Se estivermos visando à companhia e à satisfação do Pai, podemos estar certos de O estar servindo. Ele vai aceitar. Ele vê o coração mais do que a aparência. Nós vemos – e julgamos – as ações. Ele vê as intenções. Se for para ganharmos algo Dele, se for para provarmos algo, ou barganharmos com Ele, esqueça! Não haverá virtude nisto.

SEM BARGANHAS OU ATITUDES RELIGIOSAS!

Converter-se a Jesus implica numa dupla conversão – a Ele e aos homens.

Ninguém pode servir a Deus sem que isso implique em compromisso com o homem e com as suas necessidades.

Como não há como servirmos a Deus – que é completo e suficiente – sem servir ao próximo. Precisamos saber que assim como Ele enviou o Cristo para nos servir e não para que O servíssemos (Mt 20: 26-28), devemos também fazer o mesmo.

Se deseja mesmo servir a Deus, deve aprender a servir à sogra, ao cunhado inoportuno, ao irmão rebelde, ao vizinho mal-humorado, ao patrão opressor e tirano etc,...

Quanto mais somos de Deus, tanto menos somos de nós mesmos e tanto mais o seremos do outro.

Fé sem obras é barulho. Fé sem obras é demagogia. Papo furado. Enganação.

Os “das asas” que nos perdoem, mas para transformar o mundo, Deus quer usar a mim e a você e não a anjos!

ESTE É O JOÃO PIDÃO!... ELE VIVE PARA PEDIR!
REVERENDO, SERÁ QUE DEUS NÃO ME ARRUMARIA UMA BENÇÃOZINHA FINANCEIRA?!
!
ORA, JOÃO... VOCÊ SÓ ENXERGA OS SEUS INTERESSES? VOCÊ ACHA QUE DEUS É O SEU CRIADO? DOS SEUS DESEJOS? PENSE UM POUCO NOS OUTROS!
TE... TEM RAZÃO REVERENDO. ME PERDOE!
Ô DEUS! NÃO DAVA PARA O SENHOR AUMENTAR O SALÁRIO DA MINHA ESPOSA?...
TADINHA DELA...

ALEGRIA, MINHA SENHORA!
É ANO NOVO, TEMPO DE RECOMEÇAR, COM FÉ E ESPERANÇA DE NOVAS BÊNÇÃOS!

IMAGINE QUE ESTAMOS BEM MAIS PRÓXIMOS DAQUILO QUE TEMOS ESPERADO DE DEUS!

ENQUANTO HÁ MUITOS DESISTINDO À VÉSPERA DO LIVRAMENTO, NÓS SOMOS DOS QUE ESTÃO FIRMES!

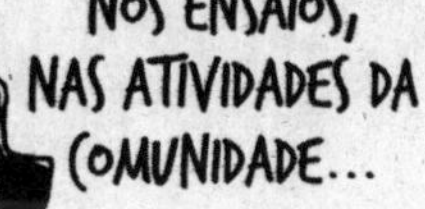
QUEM SABE NÃO SERÁ AGORA QUE O SEU MARIDO SE CONVERTE... JÁ PENSOU?
FINALMENTE AGORA A ACOMPANHÁ-LA EM TUDO QUE É LUGAR...
JÁ PENSOU? ELE EM TODAS AS REUNIÕES CONSIGO, NAS VIAGENS, NOS RETIROS, CONGRESSOS E TAMBÉM NOS ENSAIOS, NAS ATIVIDADES DA COMUNIDADE...

BUÁÁÁÁÁ...

COMO SER UM CRISTÃO FRUTÍFERO:

- Não se esqueça de que você foi chamado para dar fruto (e isto quer dizer: gerar filhos, ser o espelho de Cristo Jesus na Terra, viver de maneira Santa - honesta, solidária, justa - servindo ao próximo e sinalizando o reino)!
- Em toda decisão nas encruzilhadas da vida, faça em primeiro lugar a pergunta: por que Deus vai ganhar com isto?
- Saiba que o cristão só tem uma prioridade: buscar o Reino de Deus e a sua justiça. O resto vem como compromisso e da parte de Deus!
- Não tenha medo de semear, de repartir, de socorrer, de amar, de perdoar, e de lutar pelo direito do outro. O seu, já está garantido por Deus.
- Nunca demore em obedecer a Deus (quanto mais tempo levar para fazê-lo, mais sujeito estará às tentações de desviar-se da sua vontade)!
- Antes de indignar-se com as injustiças do mundo ou de orar a Deus pelo suprimento de alguma necessidade das pessoas (e até da igreja), veja se você próprio já não tem em si, ou nos seus bolsos, a resposta. Do contrário, estará praticando a fé mais morta, mais furada e falsa do mundo!

CONCLUSÕES PARA VOCÊ REFLETIR!

Tudo o que o Pai deu a você tem significado quando usado para promover a vida. Tudo o que você tem: os seus dons, o seu tempo, sua energia, sua inteligência, suas posses e o seu fôlego, Deus quer que seja usado para ele. Isto quer dizer: para bem dos outros, para promover a vida, como uma evidência clara do Seu divino cuidado para com todos. Quando retemos o que julgamos possuir, todos perdem. Não foi para isto que viemos a esta vida. E vamos ter de prestar contas disto mais tarde...

6

ANDE NA LOUCURA DA FÉ

Aprenda a depender do Espírito Santo de Deus!

"O vento sopra onde quer, e ouves a sua voz, mas não sabes de onde vem, nem para onde vai. Assim é todo aquele que é nascido do Espírito".

(Jo 3:8)

Fé não é se esforçar por crer em algo que espera, ou deseja, ainda que ardentemente, sem que haja revelação ou aval nas Escrituras. Por mais que acredite que é uma galinha, você nunca verá crescer penas pelo seu corpo.

Você não está mais só, abandonado às suas próprias forças. O próprio Deus que deseja que tenhamos uma vida honrada santa e única, veio morar dentro de nós para nos ajudar a viver este tipo de vida.

Isto não é algo natural, está acima da nossa capacidade humana. Jesus já nos advertiu que sem ele nenhum de nós pode fazer nada (Jo 15:5).

E o modo pelo qual vivemos por realidades que estão acima do que se pode ver, chamamos de "vida pela fé". Mas o que é mesmo fé?

Fé não é algo que se deseja ardentemente e que exige de nós força de vontade para acreditar que vamos alcançar. Isso pode ser somente obsessão travestida de religiosidade. Fé, segundo as Escrituras, tem mais a ver com conhecimento e não com confiança. E confiança em coisas que nasceram da nossa vontade e baseadas em crendices, superstições,... Ao contrário, fé tem a ver com o que se conhece de Deus e do que Ele nos promete e exige de nós. Por isso, a Bíblia diz que "...a fé vem pelo ouvir, e o ouvir vem pela palavra de Cristo" (Rm 10:17). Por isso mesmo, lemos que "a fé é o firme fundamento das coisas que se esperam, e a prova das coisas que se não veem" (Hb 11:1-1). A fé nasce do que de Deus podemos aprender e conhecer, não pelo que nos contaram, mas por aquilo que a Sua palavra nos revelou. Fé que não vem de revelação é somente obsessão, desejo ardente, fruto de nós mesmos e dos nossos apetites e conveniências. E mais: "sem fé, é impossível agradarmos a Deus" (Hb 11:6), pois é preciso que quem se aproxima Dele, tem de crer que Ele é quem é (e não somente existe, como nos dá a ideia da tradução que temos em português. O sentido ali é o de Deus ser quem Ele é. Quase todo mundo, no nosso país crê que Deus existe, mas isso não basta para que O satisfaçamos). E mais: sendo assim, Ele sempre nos abençoará, recompensará, pois não estaremos diante de alguém que não conhecemos, um ser de quem só sabemos superficialmente.

Quanto mais conheço quem Deus é, mais posso ter confiança Nele e ter uma perspectiva positiva da minha vida. Quanto mais O conhecemos, mais sabemos que Ele nunca nos irá faltar, ou nunca irá nos deixar – nem no mundo, nem à mercê de nós mesmos. Isso é fé: Tomar a Deus com seriedade – o Seu caráter e a Sua palavra, as Suas promessas, tomando-as como verdade, ainda que não vejamos no momento, suas manifestações.

Quem quer que queira viver a vida cristã, tem de saber que isso exige fé, exige conhecimento Daquele que nos chamou e nos revelou a Sua palavra!

Mais do que as circunstâncias – sempre passageiras por pior que sejam – mais do que sentimos (fruto de um coração impressionável e corruptível) ou podemos ver e apalpar, está Deus e a realidade a que nos chamou a viver.

Vivamos, pois, por fé! Esse é o caminho do justo, aquele que conhece o seu Senhor!

VIVER NA DEPENDÊNCIA DO ESPÍRITO DE DEUS É VIVER COM MODERAÇÃO. É VIVER ENTRE OS OITO E OS OITENTA!

Muito cristão vive aflito, tentando matar a "carne" (o coração, a alma, os sentidos, sentimentos e razão, como já descrevemos anteriormente) fugindo de tudo e de todos, num rigor ascético que o afasta da vida, de um viver sadio... Porém, isto é impossível e não foi a vontade de Deus quando enviou Jesus. O Senhor não veio para destruir as almas dos homens, mas para salvá-las (Lc 9:56). O que Deus deseja não é fazer em nós uma "lobotomia espiritual", mas colocar a nossa alma no seu devido lugar – submetida ao nosso espírito (e o nosso a Ele). E isto é possível somente pelo poder da presença de Deus dentro de cada um de nós.

Por esta razão, a nossa moderação – condição de nos mantermos entre os extremos – é algo que se mantém somente pelo poder que em nós passa a existir. Basta deixar que Ele nos governe. E neste mundo não bastam condições, situações e até uma cultura perversa que nos vai apelar para o desequilíbrio. Tudo o que é demais, que vai além da conta e que tanto mal nos causa e aos outros ao nosso redor, deve ser alvo de controle.

Nas Escrituras, lemos que o Senhor não nos deu um espírito de temor, de medo, de ansiedade, mas de poder, de amor e de moderação – o que se traduz numa mente sã, equilibrada emocionalmente e livre de extremos (2 Tm 1:7).

Deus não vai aniquilar a sua personalidade, mas vai colocar aquilo o que é bom para funcionar melhor e o que é ruim, colocar debaixo de cabresto ou de comando.

Quase tudo na nossa vida que é exagero e dado aos extremos, é condenável. É pecado. E pecado só é chamado por Deus de pecado porque nos faz mal antes de tudo.

Quer alguns exemplos?

Comer é bom.
Comer demais é errado.

Beber é bom.
Beber em demasia é errado.

Dormir é bom.
Dormir demais é errado.

Trabalhar é bom.
Trabalhar demais é errado.

Falar é bom.
Fala demais errado.

Ou se queremos ser
mais claros, é pecado.

Se você deseja e equilíbrio, busque mais do Espírito Santo e deixe-O comandar e frutificar na sua vida! Mesmo assim, também pode contar com o fato de o diabo querer investir contra você o resto dos seus dias tentando fazê-lo esquecer desta benção, como aliás fez com Jesus no deserto. Repare que a tentação sempre começava com um "se tu és filho de Deus"(Mt 4:1-11). Acontece que todas as circunstâncias, todas as provas, todas as angústias que a vida lhe puder trazer virão com um apelo ao seu esquecimento desta verdade! Resista! E lembre-se: você é filho e não servo nem empregado de Deus!

Você se tornou filho de Deus e, como tal, tornou-se também em templo da habitação do Deus Todo-Poderoso!

Nada mal para quem sequer podia falar como ele, hoje pode recebê-lo dentro de si.

Você foi feito templo vivo de Deus. Isto quer dizer que poderá chegar em qualquer lugar e o Senhor Deus de toda Terra terá chegado consigo! Ao mesmo tempo você é embaixador e embaixada do reino celestial (2 Co 5:17-20).

Imagine só, antigamente Deus recebia o seu povo naquele templo, à distância, por meio de sacerdotes e intermediários, até que Jesus pôs tudo a baixo em três dias (o tempo em que esteve no sepulcro) e reconstruiu um novo E mais glorioso templo – em nós – não mais aquele prédio frio, imóvel, mas um de carne e sangue e que reage à sua voz e comando e segue onde Ele for. Um templo que não está mais imóvel, à espera do pecador, mas que pode ir atrás dele; que não tem fundamentos no chão, mas no céu e que se move conforme o andar do Espírito de Deus por todo caminho seguro que o Pai nos traçou.

Mas não se esqueça nunca: você nada pode sem ele. Por isto, aprenda a viver na dependência do Espírito Santo, O Deus vivo que sempre nos acompanha!

A FÉ É O MEIO PELO QUAL NOS ENCHEMOS DE DEUS!

Para que tenhamos uma vida cheia dele, precisamos da fé, aquela que simplesmente crê no que Deus falou.

Muitos de nós já passaram muito tempo correndo atrás dos dons prometidos, não para o exercício da nossa vida comunitária de fé, mas por querer provar – até para nós mesmos – que temos importância para Deus, como quem procura uma credencial, uma identidade funcional que afirma que somos filhos do Eterno. Até que entendemos que já possuímos o maior dos poderes ou possibilidades: sermos filhos e habitação de Deus e, como tal, não precisamos mendigar ou choramingar por algo que o Pai já nos havia dado.

Muitos há que, ao lançar mão dos dons que imploram a Deus, percebem surpresos que Deus já os tinha dado desde a primeira vez que pediriam. Lembre-se do irmão mais velho do "jovem rico", da parábola que Jesus contou e está registrada em Lc 15:11-32: quando o irmão mais velho vem ao pai reclamar que nunca teve nada para repartir com os amigos, magoado com a festança que o seu velho fizera com a volta do irmão arrependido, ele é lembrado que já possuía tudo aquilo. A declaração não era apenas um chavão que os pais costumam dizer aos filhos. No começo da história, no versículo 12, lemos que "o pai repartiu com AMBOS – entre os dois filhos. Entendeu? O sujeito estava chorando por causa de algo que já possuía. Possuía, mas não usufruía. E não usufruía porque não cria. Queria comprar, com o seu esforço e trabalho, o que afinal, já lhe pertencia.

Se você é filho, viva como tal e tome tudo o que Deus disse como verdade!

A INCREDULIDADE NOS AFASTA DO ESPÍRITO SANTO DE DEUS.

"Cuidado, irmãos, para que nenhum de vocês tenha coração perverso e incrédulo, que se afaste do Deus vivo. Pelo contrário, encorajem-se uns aos outros todos os dias, durante o tempo que se chama "hoje", de modo que nenhum de vocês seja endurecido pelo engano do pecado, pois passamos a ser participantes de Cristo"... (Hb 3:12-14)

Quando damos lugar ao pecado na nossa vida ou vivemos como incrédulos, desobedecendo-O ou quando deixamos de nos alimentar de Deus na nossa comunhão diária – nos afastamos Dele. Foi assim no deserto (a que se refere o texto acima) e ou o é ainda hoje.

Sempre foi assim, porque Deus não se aproxima do pecado. Quando Jesus estava na cruz, carregando sobre os ombros toda a nossa vergonha e pecado, o Pai ausentou-Se Dele numa separação inédita (e também última!) na eternidade.

De igual modo, quando pecamos, nos retiramos da presença do Pai e todo o gosto terrível da distância, da separação, se instala no nosso coração.

PRECISAMOS ESTAR SEMPRE CHEIOS!

O grande – e simples – segredo para se manter cheio do fogo da paixão por Deus está em alimentar as chamas constantemente. Não se guarda o fogo escondendo-o num refrigerador. É preciso alimentá-lo!

Isso pode parecer estranho, especialmente porque estamos falando de uma pessoa. Contudo, é fato que o Espírito de Deus pode estar em nós aqui e agora, quando nós desejarmos. Isto é um privilégio tremendo que não pode ser deixado de lado na nossa caminhada cristã.

Com as nossas lutas do dia a dia, porém, há sempre um desgaste espiritual (para além de termos uma natureza corrompida). Precisamos nos precaver, alimentando-nos continuamente de Deus.

Alguns anos refleti de maneira contundente a respeito dessa necessidade por meio de um Volkswagen maltratado que possuía.

Quando contei ao meu velho pai que ladrões haviam entrado na garagem do meu prédio e arrombado todos os carros, inclusive o meu, ele (que era um tremendo gozador) perguntou sem pestanejar: "Pois quanto foi que deixaram de oferta no banco do seu?".

Pois é, este carrinho tinha uma particularidade toda especial: não marcava um nível de combustível, de maneira nenhuma!

E esta foi justamente a lição: eu tinha de o abastecer todos os dias! Nunca poderia andar a não ser de tanque cheio, pois não sabia que horas o combustível iria acabar.

Se você nem eu conhecemos o nosso "daqui a pouco", se o inimigo vai aparecer para nos afrontar, se atormenta vai chegar, então precisamos andar com o tanque sempre cheio. Lembre-se disto: só se descobre que está vazio quando deixamos de andar ou quando a tragédia nos põe ao chão!

"E não se embriaguem com vinho, que leva à devassidão (conduta vergonhosa), mas deixem-se encher pelo Espírito,..." (Ef 5:18)

Este versículo nos adverte contra o perigo do vinho, ou melhor, para sermos exatos, nos adverte para com o seu excesso. Se no muito vinho, ou na bebedeira, há todo tipo de coisa ruim: briga, divisão, conversa para além da conta... (sem mencionar as dores de cabeça!), Paulo nos sugere aqui que enchamos a cara por algo melhor – que tomemos um porre... mas não de bebidas ou drogas, mas do... Espírito!

Não devemos apenas beber socialmente, como muitos fazem por não querer perder aquilo que chamam de "sobriedade", com medo de fazerem – ou de Deus os levar a fazer – o que a sua receitazinha ou formatozinho de vida religiosa não contempla ("imagine se meus amigos me virem agora!" ou "imagine o que vai dizer o meu presbitério!" ou ainda "e se Deus me fizer vender tudo e me enviar para as missões?" e aquela terrível: "e se meu filho largar os planos de um futuro estável e vira um missionário, ou pastor?!"...) – como se Deus pudesse operar algo ruim, que não faça a alegria e traga satisfação ou aquele estado de realização pessoal ou de completar de significado e propósito de vida aos que ama?!

Estes desejam sempre beber pouco, só para serem gentis com Aquele que os convidou a beber. Sabe como é: só para o gasto, um golinho apenas! Deus prometeu-nos que daria do Seu Espírito sem limites (Lc 11:13), justamente porque é bom para nós, ao contrário do porre das coisas daqui desta vida terrena – justamente as que nos fazem perder a cabeça!

Você consegue ver algo de revolucionário aqui?

Se Jesus convida a todos os que têm sede para virem beber, então o erro, o desvio está no não fazê-lo ou não estarmos ansiosos pela

Sua presença ao nos mostrarmos fartos (as escrituras afirmam que a alma farta pisa, desprezando favos de mel)!

Não. Deus não nos deseja ver satisfeitos com pouco: com os nossos planos particulares de vida e sucesso, com os nossos costumes, com as experiências que não foram com Ele, ou Dele vieram, com as nossas ideias e conceitos terrenos que às vezes nos embriagam e tentam limitar o que o Eterno nos preparou lá na eternidade, e ainda O tentam colocar em uma caixinha de fósforos da nossa vã teologia. Não há limite.

Se você deseja mais de Deus, venha e beba! Mas cuidado! O termo embriagar, também significa perdermos o bom senso. Parece-me que os cristãos estão divididos hoje entre os abstêmios, que evitam beber de Deus, e os bêbados – os que buscam satisfazer-se a si mesmos. É daí que vêm os shows de carnalidade disfarçada de "experiência com Deus", com emocionalismo, manipulação, num frenesi de sensações, de sensualidade (aquilo que se pode experimentar com os sentidos) e nada, nenhum poder tem de transformar o caráter. Pulam, gemem, choram, dançam, sapateiam, parecem tomados de êxtase, em transes, mas no dia seguinte são as mesmas pessoas com seus velhos tiques, manias e perversidades, com as mesmas falhas de caráter que em nada manifestam ou glorificam a Deus. Paulo advertia já sobre isso, para a igreja em Corinto (1Co 14), para que conservemos o nosso senso para que até os que são de fora, possam ser edificados nas nossas reuniões. Não se muda alguém pelo lado de fora, pela aparência de espiritualidade, mas a partir de um coração quebrantado e humilde diante de Deus, a partir de um coração cheio do Espírito. Só assim somos capazes de largarmos o nosso lugar de conforto e aventurarmo-nos a seguir Jesus.

Pode preparar-se para beber! Com coragem. Mas com responsabilidade.

Você vai ver o que é bom! E também as coisas do alto acontecerem em, e através de você!

O PODER DO ESPÍRITO DE DEUS É A VITÓRIA CONTRA AS CILADAS DA VIDA!

Ainda há outro segredo para uma vida vitoriosa contra as tentações ao desvio (ou pecado!) e, consequentemente, um bom relacionamento com Deus.

Não devemos buscar Deus ou nos encher do Espírito por medo das circunstâncias. É aquela coisa da Causa e Efeito – se algo bom está acontecendo é porque acertei com Deus, se for algo desagradável é porque fiz algo errado. Nada disso. Estamos guardados pela graça, como afirmei e vimos.

A motivação deve ser outra!

Devemos buscar uma vida irrepreensível para agradarmos ao nosso Pai.

Devemos fugir do erro, do pecado, porque isso entristece o Espírito (Ef 4:30).

Nós não nos livramos do pecado, da sujeira, do que não tem valor, enchendo a nossa mente com a ideia de fugir do erro.

Nós nos livramos do pecado buscando santidade e enchendo-nos da vontade do Pai e da presença do Seu Espírito.

Uma vez um amigo muito chegado matou a charada: a virtude não está em olharmos pro ralo, para onde está a sujeira e vai-se quando nos limpamos num bom banho, mas em atentarmo-nos para a quantidade de água limpa que está vindo sobre nós.

Entendeu?

Se deseja se ver livre da sujeira que insiste em "grudar" em você, não se ocupe ou se preocupe em fugir dela, pois assim pensará nela o tempo todo! Mais que isso, busque as coisas do alto! Busque a presença de Deus, mais e mais, se ocupando em fazer a Sua vontade! Não se foge das tentações pensando nelas, mas pensando na virtude, no que é bom e de boa fama.

O Espírito de Deus é limpo e bom. É maravilhoso. Busque-O! E o Seu poder fará você livre do que não é bom.

O ESPÍRITO SANTO ENCHE VOCÊ DE RECURSOS ESPIRITUAIS PARA A EDIFICAÇÃO DOS SEUS IRMÃOS DA FAMÍLIA DA FÉ E PARA SERVIR AOS HOMENS.

"Portanto procurai com zelo os melhores dons!" (1 Co 12:31)

Deus se encarrega de o capacitar para a carreira cristã.

Todas as pessoas têm talentos que carregam consigo desde o nascimento, como o fôlego, e foram dados por Deus.

Picasso, Shakespeare, Rembrandt, Da Vinci, os Beatles, Fernando Pessoa, Gilberto Gil e tantos outros grandes artistas receberam de Deus talentos para fazerem coisas belas. Alguns deles, em vez de honrarem ao Senhor com seus dons, deixam de o fazer, ou recebem eles mesmos essa honra, mas um dia terão de o fazer diante do Senhor do universo.

A palavra de Deus afirma que se há algo belo, bom e bem feito, isso veio de Deus, e de ninguém mais (Tg 1:17), uma vez que o diabo – como criatura – não pode criar nada, principalmente coisas boas.

No entanto, a Bíblia esclarece que os dons (presentes) espirituais, foram concebidos – e distribuídos sobrenaturalmente pelo Espírito a nós, seus filhos, os "nascidos de novo", para um fim proveitoso e para além do nosso consumo próprio ou que excede o nosso deleite (1Co 12:7). Ou seja, são para servir e para edificar o corpo místico de Cristo, a Sua igreja (a assembleia ou ajuntamento dos que creem).

Eles vêm até nós por meio do Espírito – que os distribui conforme deseja – e podem ser buscados.

Alguns são mais, digamos, pirotécnicos que outros projetando a pessoa que deles se utiliza. Outros são considerados melhores que os outros, mas todos são igualmente necessários.

Há uma lista deles na Bíblia. A melhor receita para buscá-los e exercitá-los é fazê-lo com amor, na perspectiva de servir – a maior característica e credencial daquele que tem parte com Deus!

...PROSPERIDADE EM OFERTAR NOSSA VIDA, EM HOSPEDAR, EM SOCORRER, AMPARAR, EM REPARTIR O QUE TEMOS E O QUE SOMOS E,
FLÓFT!...

"Eu rogarei ao Pai, e ele vos dará outro consolador, para que esteja com vocês para sempre". (Jo 14:16)

Encher-se da presença de Deus, de amor, de paz, longanimidade, domínio próprio, misericórdia, virtudes que são fruto do seu poder em nós, significa buscar a sua companhia, meditar na sua palavra, falar com salmos e hinos espirituais (usando esta linguagem no seu dia a dia na escola, em casa no escritório) e orar sem cessar (Ef 5:19,20).

Às vezes, nem nos damos conta de Sua voz (que é mansa, suave e linda), tal o barulho do cotidiano.

Mas ele estará lá sempre, ao seu lado, trabalhando silenciosamente no seu coração (como um relógio daqueles que a gente ouve, geralmente à noite quando tudo à volta se aquieta ou quando voltamos a nossa atenção para ele).

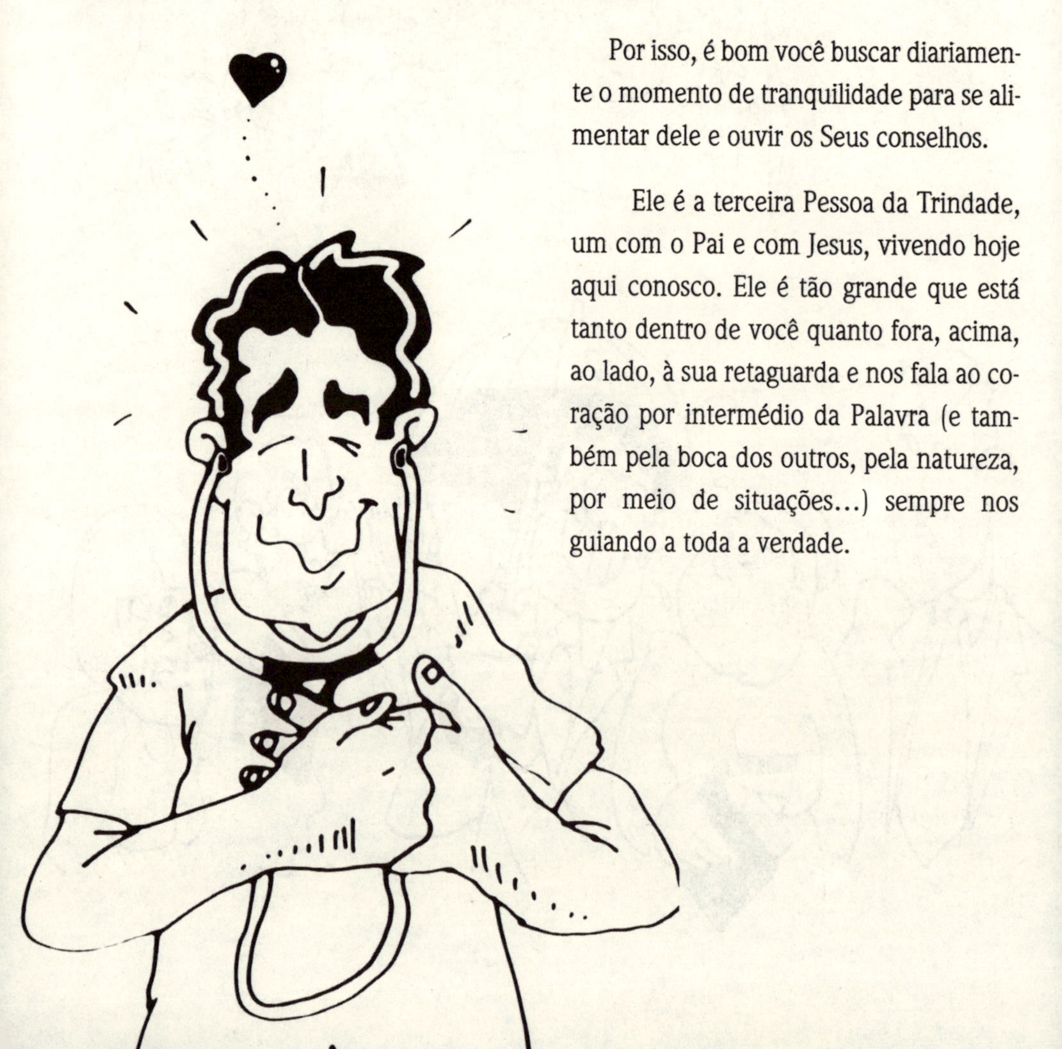

Por isso, é bom você buscar diariamente o momento de tranquilidade para se alimentar dele e ouvir os Seus conselhos.

Ele é a terceira Pessoa da Trindade, um com o Pai e com Jesus, vivendo hoje aqui conosco. Ele é tão grande que está tanto dentro de você quanto fora, acima, ao lado, à sua retaguarda e nos fala ao coração por intermédio da Palavra (e também pela boca dos outros, pela natureza, por meio de situações...) sempre nos guiando a toda a verdade.

APRENDA A OUVIR A
VOZ DE DEUS!

Leia e medite na Palavra de Deus com a Sua ajuda, afinal foi Ele quem a escreveu, e busque uma vida digna e Santa! Meditar está para o degustar um bom vinho, assim como ler está para o beber. Meditar é mastigar com o cérebro e o coração o que se lê.

Submeta-se a Ele e prepare-se para andar em novidade de vida!

Lembre-se: enquanto há pessoas que repetem o mesmo dia 365 vezes ao ano, você pode viver coisas novas todos os 365 dias do ano. Sempre. Afinal, o que é nascido do Espírito é como o vento, que sopra onde quer. Não tem um caminho pronto, humanamente previsível e que já foi trilhado. Ninguém sabe de onde veio, nem para onde vai. Mas pode-se ouvir a sua voz (Jo 3:8). E ir-se com ele.

Como viver no Espírito:

- Alimente o Espírito de Deus em você: orando, meditando na Palavra de Deus, falando entre os seus irmãos com salmos e cânticos espirituais (ao contrário das conversas de rua – torpes, sem propósito ou cheias de maledicências e lamentações...)!

- Exercite-se na sensibilidade de ouvir e discernir a voz de Deus (até por meio de jejuns, de tempos de retiro e meditação) e sendo obediente às mais leves "sugestões" do Espírito! Lembre-se que o caminho mais rápido para deixar de ouvi-Lo no seu coração é resistir-Lhe ou desobedecê-Lo. Com as nossas considerações, ponderações, argumentações e rebeldia, a Sua voz vai diminuir mais e mais até calar-se.

- Não tenha medo de experimentar Deus em comunhão silenciosa e guiada pela Palavra e oração! Não resista à Sua ação! É bom quando a espontaneidade e a amizade sinceras tomam o lugar das nossas etiquetas religiosas e orações pré-fabricadas. Deus preza mais que tudo o nosso coração sincero e honesto.

CONCLUSÕES PARA VOCÊ REFLETIR!

Você não foi criado para viver independente do eterno criador e senhor! Então, busque encher-se mais e mais da presença do pai! Esta é a garantia de você ser, viver e fazer o que o pai planejou. Viver em santidade, mais do que fugir do pecado, é viver para deus, oferecendo-se ao seu serviço (e, consequentemente aos outros). Recuse-se a viver sem considerar a vontade e o propósito divinos! É assim que se vive para deus: morrendo para nós mesmos e deixando que ele viva em nós.

Para encerrar

UMA ÚLTIMA COISINHA...

APRENDA A VIVER SOB ESSA DICOTOMIA:

LIGADO A ESTE MUNDO E INTERESSADO NAS SUAS QUESTÕES, EMBORA SABENDO QUE É UM ESTRANGEIRO E PEREGRINO, ESPERANDO A HORA DE PARTIR PARA A NOSSA PÁTRIA CELESTIAL!

Neste mundo que já recebeu a sentença que afirma que "qualquer um que se considere seu amigo, é um inimigo dos céus" (Tg 4:4), temos o nosso campo de missão.

Devemos viver como viajantes mas, ao mesmo tempo, é preciso nos importar por tudo o que lhe diz respeito, como alvo do amor de Deus e para o que Jesus veio. E chorou por ele. E até Entregou-lhe tudo o que era e possuía.

Devemos confrontar o seu sistema – e valores e cultura – denunciar o que for perverso, injusto, impiedoso, demoníaco e que despreza a dignidade da vida humana; e amar a sua gente. Não devemos ter por absoluto os seus valores, tampouco abominá-lo ou desprezá-lo, mas, tendo a Palavra de Deus por guia, identificar pontos de convergência com o Evangelho e os sinais da graça, entendendo que Deus é o Senhor da história e nela intervém.

Em vez de massificar o dialeto do reino, nosso desafio ainda continua sendo o de contextualizar a mensagem e pregação do Reino.

A ecologia, a sustentabilidade, a equidade e a justiça, a distribuição justa da riqueza, e da terra, a saúde, a política, as artes, a ciência, são coisas que dizem respeito a Deus porque dizem respeito ao homem, Sua criação e alvo do seu amor redentor. E o que é importante para Deus, o é para nós, o Seu povo.

Seja apaixonado pelas pessoas como Jesus foi em carne e continua sendo! Esteja pronto a oferecer a sua vida por elas (1Jo 3:16)!

Mas atenção! "Não se maravilhem se o mundo odiar vocês!". Ou seja, não fique assombrado se for perseguido, injuriado ou desprezado! Este é o nosso preço por pertencermos a Deus e a Ele sermos coerentes.

Este preço Jesus já pagou antes de você!

Isto tenho ensinado para as minhas filhas, filhos – e netos – desde cedo em nossa casa, preparando-os para tudo (e saiba que já experimentaram na própria pele, e não poucas vezes!).

Não pare na sua caminhada com Deus! Cristão quando não avança, já retrocedeu. É triste vermos cristãos estacionados na sua caminhada, sem progressos ou virtudes novas sendo acrescidas ao seu caráter. Avalie-se a cada ano, verificando se você tornou-se numa pessoa melhor – para Deus e para as pessoas (sua comunidade, sobretudo)!

Fique esperto, exorte, denuncie o erro e adulteração da sã doutrina cristã e a exploração das pessoas, mas com um coração puro e misericordioso. Se não o for, será apenas mais um fariseu a trabalhar para oprimir e não para curar e abençoar!

Não pense demais a cerca de si mesmo, não se ensoberbeça e não tente manipular ou colocar o Eterno numa caixinha de fósforos! Isto será tão impossível quanto patético.

Conheça e prossiga em conhecer o Senhor (Os 6:3)!

Esta doce, excitante e revolucionária aventura de andar com Deus e experimentá-Lo, homem algum poderá fazê-lo por si próprio mas é um privilégio exclusivo seu – filho do Altíssimo – ovelha preciosa, amada e a quem Deus agradou dar-lhe o reino (Lc 12:32).

QUE O SENHOR O ABENÇOE NESTA SUPERAVENTURA:

VIVER O REINO DE DEUS AQUI E AGORA!

– BOA VIAGEM!

Então, Jesus aproximou-se deles e disse: "Foi-me dada toda a autoridade no céu e na terra. Portanto, vão e façam discípulos de todas as nações, batizando-os em nome do Pai e do Filho e do Espírito Santo, ensinando-os a obedecer a tudo o que eu lhes ordenei. E eu estarei sempre com vocês, até o fim dos tempos". (Mt 28:18-20)

SOBRE O AUTOR

Rubinho Pirola, é cartunista e profissional de comunicação de marketing, lecionou História em Quadrinhos e Design Gráfico na Universidade Federal de Uberlândia (MG), durante 17 anos, onde foi também Diretor de Imprensa. Por lá também foi um dos fundadores da Missão Sal da Terra e parte da banda de mesmo nome que deu origem ao movimento.

Ganhou dois prêmios Areté da Associação dos Editores e Livreiros Cristãos pelos livros "Café Com Deus", em 1995 e deste "Guia de Sobrevivência do Cristão", em 2001 (Ed. Vida - SP, agora relançados pela Editora Geográfica). É também autor do álbum de HQ "Revolução" (Ed. SEPAL - SP), "A Bíblia para Curiosos", e da série Palavras de Honra ("Afinal o que é Saudade", "Afinal o que é Amor", "Afinal o que é Perdão" e "Afinal o que é Amizade") pela Editora Geográfica. Foi coordenador municipal da Ação da Cidadania Contra a Fome e a Miséria e um dos fundadores do fórum nacional do movimento em Brasília. Dirigiu campanhas de mobilização social e dirigiu projetos comunitários no Brasil, Europa, onde viveu por quase 17 anos, e em países da África.

Em Lisboa, fundou e dirigiu a Rádio Transmundial de Portugal, a qual ainda serve, bem como sua parceira brasileira RTM. É graduado em Comunicação na ESPM, São Paulo, pós-graduado em Edição de Livros e Novos Conteúdos Digitais pela Universidade Católica Portuguesa, em Lisboa, Portugal e é mestrando em Ciências da Religião na Universidade Presbiteriana Mackenzie. Foi colunista, por noves anos, da revista Cristianismo Hoje e vive em São Caetano do Sul-SP, onde atua como consultor de marketing e comunicação institucional para várias organizações e faz parte de uma comunidade cristã, a Casa da Rocha.

Rubinho é casado, pai de duas filhas e avô de dois netos.

CONHEÇA OUTROS LIVROS DE RUBINHO PIROLA

- O BIFE MAIOR É MEU!

"Não será assim entre vocês. Pelo contrário, quem quiser tornar-se importante entre vocês deverá ser servo, e quem quiser ser o primeiro deverá ser escravo; como o Filho do homem, que não veio para ser servido, mas para servir e dar a sua vida em resgate por muitos". (Mt 20:26-28)

PAI, fazei que eu diminua e que Cristo cresça em mim. Que eu viva não para mim mesmo, mas para servir. Que eu seja uma bênção para os outros! Amém.

RUBINHO PIROLA

UM GUIA BEM-HUMORADO E ILUSTRADO DOS MISTÉRIOS, FANTASIAS E REVELAÇÕES SOBRE O LIVRO MAIS LIDO EM TODO O MUNDO!

a Bíblia para Curiosos

a Bíblia para Curiosos RUBINHO PIROLA

A BÍBLIA PARA CURIOSOS

Desvendando dúvidas dos leitores cristãos

Totalmente fundamentado na Bíblia este livro possui diversas curiosidades que rondam a cabeça dos cristãos. Os curiosos que gostam de sempre aprender mais e mais sobre a Palavra de Deus e que colecionam por anos várias questões intrigantes, vê nesta obra um vasto conteúdo.

Com mais de 200 perguntas e respostas este livro vem recheado com diversos cartoons e um texto didático que encanta o leitor. Todas as questões foram formuladas através de um estudo intenso da Palavra de Deus, e claro levando em consideração os anos de discipulado do autor.

No livro encontram-se respostas para perguntas como: Será que Jesus teve irmãos? Qual o limite de idade para uma vida satisfatória? O vinho na época de Jesus tinha ou não álcool? Somos filhos ou servos de Deus? Tudo isso e muito mais, segundo a Bíblia Sagrada.

Esta obra bem-humorada é para aqueles que desejam ser ainda mais surpreendidos pelas Sagradas Escrituras mesmo após descobertas e pesquisas científicas.

Série Palavras de Honra
Afinal, o que é?
Rubinho Pirola

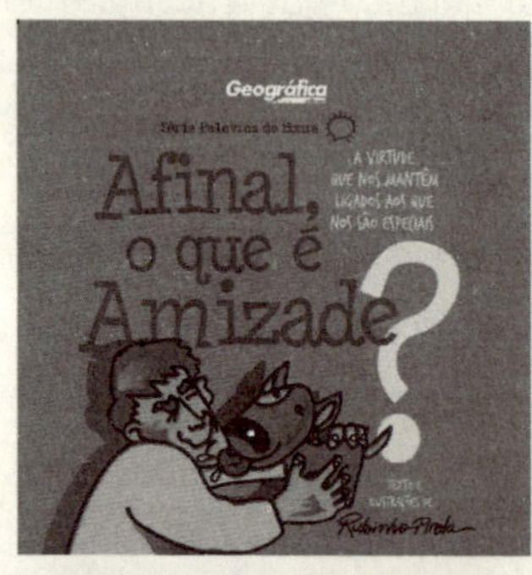
Geográfica
Série Palavras de Honra
Afinal, o que é Amizade?
A VIRTUDE QUE NOS MANTÊM LIGADOS AOS QUE NOS SÃO ESPECIAIS
TEXTO E ILUSTRAÇÕES DE
Rubinho Pirola

Geográfica
Afinal, o que é Amor?
A AÇÃO MAIS SUBLIME QUE FAZ DE NÓS REALMENTE HUMANOS
TEXTO E ILUSTRAÇÕES DE
Rubinho Pirola

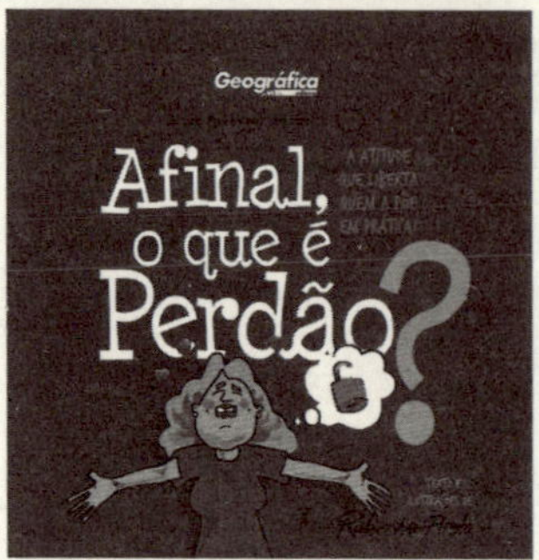
Geográfica
Afinal, o que é Perdão?
Rubinho Pirola

Geográfica
Série Palavras de Honra
Afinal, o que é Saudade?
O SENTIMENTO COM QUE NOS PRESENTEIAM AS PESSOAS ESPECIAIS
TEXTO E ILUSTRAÇÕES DE
Rubinho Pirola

SÉRIE PALAVRAS DE HONRA

A Série palavras de honra traz quatro títulos com temas essenciais para os cristãos. São eles: Amor, Saudade, Amizade e Perdão. São assuntos difíceis de explicar em palavras, mas o autor Rubinho Pirola com seus cartoons aborda-os de uma forma que nos faz entender alguns dilemas da vida, a fim de nos deixar mais perto de Deus, e do nosso próximo.

Presentear aquela pessoa querida que não se vê há muito tempo, ou até mesmo aquela que você sempre vê e jamais quer se distanciar dela, com essa série será um lindo gesto, já que nem todos são capazes de gerar estes sentimentos que o autor aborda, eles são somente para aqueles que realmente marcam a vida de alguém.

Geográfica
editora